결과를 만들어내는
철학

Original Japanese title: **KEKKA WO DASHITAIHITO WA TETSUGAKU WO MANABINASAI**
Copyright © Hitoshi Ogawa 2021
Original Japanese edition published by Mainichi Shimbun Publishing lnc
Korean translation rights arranged with Mainichi Shimbun Publishing lnc
through The English Agency (Japan) Ltd. and Danny Hong Agency

결과를 만들어내는 철학

지은이 오가와 히토시
옮긴이 박양순
펴낸이 이규호
펴낸곳 북스토리지

초판 인쇄 2023년 5월 15일
초판 발행 2023년 5월 20일

출판신고 제2021-000024호
10874 경기도 파주시 청석로 256 교하일번가빌딩 605호
E-mail b-storage@naver.com
Blog blog.naver.com/b-storage

ISBN 979-11-92536-85-9 03100

성공하기 위한
철학사고의
프레임워크

결과를 만들어내는
철학

오가와 히토시 지음
박양순 옮김

문제를 해결하는 도구, **철학!**

결과를 얻고자 하면 철학을 배워라!
사회생활이 180도 바뀌는 문제 해결 철학 수업

철학으로 문제를 해결한다는 것은
어떤 의미인가?

기업에 철학 연수의 움직임이 일다

....

지금 일본 기업들에서는 조용한 움직임이 일고 있다. 그것은 비즈니스 철학 연수이다. 이것은 결코 '비즈니스는 이래야만 한다'처럼 철학을 주입하는 것이 아니라 철학을 도구로 삼아 비즈니스에 활용하려는 연수이다. 그런 의미에서는 '비즈니스 철학' 연수가 아니라 '철학 연수'에 해당한다고 볼 수 있다.

원래 서구에서는 일찍이 이러한 움직임이 있었고, 그 예로 철학자가 대기업의 컨설턴트로 참가하기도 했었다. 그중에는 구글과 애플처럼 전속 계약으로 저명한 철학자를 풀타임으로 고용하는 기업도 있다.

일본에서는 아직 그런 상황까지는 아니다. 그것은 철학 그 자체의 이미지가 이론적이고 학문적이기 때문이라고 생각한다. 일본에서는 지금까지 철학이라고 하면 지식이고, 어려운 문장으로 되어 있다고 여겨져 왔다. 하지만 이 책에서 제시하듯 철학이란 사고하는 방식이고 생각하기 위한 도구이다.

그렇게 받아들이면 철학에서 던지는 이상한 물음이나 어딘가 색다른 사고방식, 또 깊숙한 본질을 추구하는 행위는 그대로 비즈니스의 프로세스에 응용할 수 있다.

좀더 생각해보면 지금 유행하는 "디자인 씽킹"은 어디까지나 유저(사용자)를 주체로 해서 '크리에이티브 솔루션(창의적 해결책)'을 만들어내는 데에 주목한다. 그리고 거기서 더 나아가 근래에는 제안하는 측을 주체로 해서 '크리에이티브 퀘스천(창의적 질문)'을 만들어내는 "아트 씽킹"이 주목받고 있다. 하지만 철학적 사고는 이들 모두를 수용할 수 있다.

철학은 이들 비즈니스에도 적합한 사고라고 받아들여 일본에서는 이미 비즈니스 철학책들이 많이 출간되고 있긴 하지만, 책을 읽기만 해서는 좀처럼 실천할 수 없는 것이 문제였다.

그래서 지금, 철학자가 실제 비즈니스 현장에 뛰어들어 직접 전하는 철학 연수가 시작되고 있는 것이다.

새로 태어나는 기업, 지역사회, 학교

사실 나도 그런 선구자 중의 한 사람이다. 일찍이 리쿠르트 매니지먼트 솔루션의 연수 강사로 활동하면서 이미 각종 기업의 많은 사람들을 대상으로 '결과를 만들어내는 철학'을 실천하고 있다. 또 이토추 상사 Itochu Co., JT 등 대기업을 비롯해, 전국 중소기업에 이르기까지 많은 연수 요청을 받고 있다. 특히 고베의 철강 관련 기업체인 시마분 코퍼레이션에서는 2년 전부터 반 년 이상에 걸쳐 꽤 깊은 내용을 담아 연수를 진행해오고 있다.

더욱이 이 연수를 통해 수많은 혁신적인 변화가 일어난 것은 물론 무엇보다 직원 한 사람 한 사람이 철학적으로 사물을 사고할 수 있게 되었다. 이것은 종래의 비즈니스를 대하는 태도와 180도 바뀌었다고 할 수 있다. 도대체 이 연수에서는 무엇을 하고 어떤 화학 반응이 일어난 것일까? 이 책에서는 그 내용을 자세히 소개하고자 한다.

더욱이 철학을 통해 새로 태어난 것은 기업만이 아니다. 철학으로 문제를 해결하려는 시도는 이제는 기업에 그치지 않고 자치단체나 지역사회를 비롯한 다양한 영역으로 확대되고 있다.

나는 도시재생사업의 일환으로 지역 과제를 해결하는 활동에도 참가하고 있다.

이러한 사회적 요구에 부응하여 교육 현장에서도 대학, 고등학교를 중심으로 과제 해결, 탐구 등의 수업이 늘어나고 있고 나 역시 거기에 참여하고 있다. 내가 소속되어 있는 야마구치 대학 국제종합과학부에서는 과제 해결이 학부 프로그램의 주축을 이루고 있으며, 개인적으로도 많은 고등학교에서 단기간부터 장기간에 걸쳐 다양한 탐구 수업을 담당해 왔다.

이 책에서는 거기에서 얻은 인사이트에 대해서도 소개하려 한다.

그런 의미에서 이 책은 비즈니스 엘리트를 목표로 하는 사람은 물론이고, '열심히 하고 있는데도 뭔가 부족'하다고 느끼는 모든 사람들이 읽으면 좋은 내용들로 이루어져 있다. 그리고 이 책을 통해 각자가 직면한 문제를 해결할 수 있는 사람이 되었으면 하는 바람이다. 그것을 가능하게 하는 것이 철학이기 때문이다.

직장인들의 개인 고민 상담

철학에서 문제 해결이란 앞에서 말한 비즈니스나 지역사회 과제 그 자체를 해결하는 것 외에도 직장인들 또는 지역 주민의 개인이 안고 있는 문제를 해결하기 위한 니즈도 다수 포함되어 있다.

사회도 문제를 안고 있지만 당연히 개인도 문제를 안고 있기 때문이다. 그런 개인의 고민을 해결하기 위한 한 방법은 비즈니스 과제를 철학으로 해결하는 것보다 훨씬 이전에 새로운 움직임으로 주목받았다.

나도 그 움직임의 가담자 중 한 사람으로, 예를 들면 나의 『인생이 바뀌는 철학 교실』이라는 책에서는, 역사 속의 철학자가 현대사회에 나타나 고민을 해결해준다. 거의 10년 전에 나온 책이다.

이 책 출간을 계기로 TV에서도 이 문제를 다루었다. NHK 교육방송의 「세계 철학자의 인생 상담」이라는 프로그램에서는 내가 3년간 철학 전문가 역할을 담당했다. 지상파에서 방송되었다는 사실은 이에 대한 인식이 넓어졌다는 증거이다. 따라서 개인의 문제를 해결하는 데에 철학자의 사고방식이 도움이 된다는 사실은 이미 일반적으로 인정되고 있다.

다만 비즈니스 현장에서의 고민이나 일에 얽힌 고민에 특화된 철학적 요소는 좀처럼 찾아볼 수 없다. 그래서 이 1, 2년 사이에 나는 『주간

이코노미스트』라고 하는 잡지를 통해서 매주 직장인들이 안고 있는 고민에 답해 왔다. 이 책에서는 이 또한 철학에 의한 문제 해결의 한 측면으로 보고 소개해 보고자 한다.

기본적으로는 그간 연재한 기사를 재편집해서 게재했다. 여기에 관해서는 비즈니스 과제를 해결하는 방식과는 달리, 과거 철학자들의 예지를 참고로 개인의 문제를 생각하는 자세로 다루었으므로 약간 다른 구성을 보이고 있다. 하나하나가 완결된 짧은 읽을거리로 되어 있으므로 가볍게 읽을 수 있으리라 생각한다. 여러분에게도 해당되는 고민이 분명 여럿 있을 것이다.

자, 그럼 서둘러 철학 강의를 시작해보자!

나는 비즈니스 철학 연수에 앞서 항상 참석자에게 부디 5살 아이의 머리로 들어줄 것을 부탁한다. 왜냐하면 5살 아이는 가장 머리가 유연하고 동시에 이성적으로 사물을 생각할 수 있는 최적의 나이이기 때문이다. 여러분도 기억하겠지만, 초등학교에 들어가면 틀에 짜여진 일을 수행해야 하므로 머리의 유연성이 손상되기 시작한다. 부디 머리를 유연하게 유지하며 읽어주길 바란다.

차례

제3장 '삶의 고달픔'은 철학의 최고 교과서

제4장 **결과를 내는 '돈의 철학'**

제5장 '연결고리'를 알면 잘 풀리는 비즈니스

에필로그

＊＊ 본문에 소개된 도서의 제목은 한국에서 출간된 제목을 우선으로 하였습니다.

제1장

문제 해결의 도구로서의
철학

철학이란 무엇인가?

비즈니스에 국한하지 않고 예외 없이 '철학'이라는 이름을 붙이는 연수를 진행할 때는 우선, 오해를 풀어야 한다. 다시 말하면 내가 말하는 철학이 참가자가 생각하는 철학과 다르다는 점을 분명히 할 필요가 있기 때문이다.

철학이란 무엇인가? 원래 철학은 서양에서 들어온 말로, 영어로 말하면 필로소피philosophy다. 그것이 철학으로 번역된 것이다. 그러면 필로소피의 의미가 무엇인가 하면 그것은 철학의 발상지 고대 그리스의 말로 '지혜를 사랑하다'이다.

거기에서 출발해서 철학은 사물의 본질을 탐구하는 학문이라고 설명하는 것이 일반적이다. 하지만 이 설명은 사물의 본질이라는 것이 어떤 의미인지 알 수 없기 때문에 결국 철학 그 자체도 도대체 무엇을 추구하는 것인지 알 수 없다.

그래서 나는 철학을 '자기 나름대로 도달할 수 있는 끝까지 깊이 생각해서 그것을 말로 표현하는 것'이라고 설명한다. 고작 그것뿐이냐고 생각할지 모르지만 우리들은 평소 고작 그것조차도 하지 않는다.

그렇게 깊이 생각해서 어떤 대상을 자신의 언어로 표현하게 되면 그것은 세계를 새롭게 재인식하는 것이 되고 이른바 세계에 대한 새로운 의미 부여가 이루어진다. 또는 자신에게 그다지 의미를 갖지 못했던 것에 대해서도 새로운 의미가 생겨나므로 이것을 '세계에 대한 유의미화'라고 불러도 좋을 거 같다.

어떠한가? 이제 철학이 특별한 행위로 여겨지는가? 그렇다. 철학은 생각하는 것이지만 일반적인 생각과는 다르다. 이른바 철학은 기존의 프레임을 뛰어넘는 행위이기도 하다.

일반적인 사고의 경우, 생각하는 대상에 대해서 자신이 갖고 있는 프레임(틀), 즉 상식 안에서만 생각하려고 한다. 그것은 단순한 정보 처리 또는 경우에 따라서는 반사적인 것에 불과하다.

이것과 비교해 철학하는 것은 생각하는 대상에 대해서 자신이 가진 프레임을 뛰어넘어 생각하는 것을 의미한다. 구체적으로는 다른 시점에서 파악한다거나 위에서 내려다보듯이 전체를 조망함으로써 자신의 머릿속 상자 밖으로 나오는 이미지이다. 이것이 바로 세계라고 생각했던 그 세계의 바깥으로 삐죽 머리를 내밀어 보는 것이다.

구체적으로 20쪽의 그림과 같은 과정을 밟게 된다. 기존의 프레임을 넘어서기 위해서는 우선 의미를 의심할 필요가 있다. 그다음에 다양한 관점에서 다시 파악한다. 여기에서는 상상력이 도움이 된다. 그렇게 여러 가지 관점에서 파악한 다음 재구성해 나간다. 여기에서 논리력이 발휘된다. 그 결과 창출된 것이 새로운 의미이다.

이것으로 사물을 보다 깊이 이해할 수 있고 또 테마에 따라서는 인생의 의미조차 바뀐다. 그리고 우리들은 보다 선하게 살아갈 수 있다. 이것은 철학의 아버지 소크라테스의 말이기도 하다. 그는 철학의 목적은 보

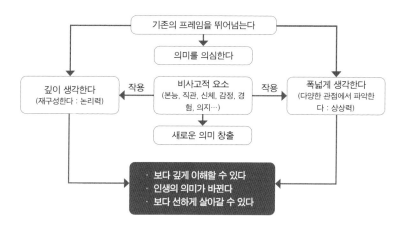

| 철학의 프로세스 |

기존의 프레임을 뛰어넘는다

의미를 의심한다

깊이 생각한다
(재구성한다 : 논리력)

작용

비사고적 요소
(본능, 직관, 신체, 감정, 경험, 의지…)

작용

폭넓게 생각한다
(다양한 관점에서 파악한다 : 상상력)

새로운 의미 창출

· 보다 깊게 이해할 수 있다
· 인생의 의미가 바뀐다
· 보다 선하게 살아갈 수 있다

다 선하게 사는 것이라고 말했다. 사물의 본질을 알 수 있으면 실패하거나 속임수에 빠져들지 않으며 그뿐만이 아니라 바른 판단이 가능하다. 득이 되는 일도 있을 것이다. 즉 선하게 살아갈 수 있다.

주의해야 할 점은 이 각각의 과정에 있어서 인간의 경우 '비사고적 요소'라고 하는 것이 관여한다는 것이다. 즉 어떤 관점에서 보는가, 어떻게 재구성하는가의 과정에 불가피하게 본능이나 직관, 신체, 감정, 경험, 의지, 욕망과 같은 것이 영향을 끼친다. 이것들은 사람에 따라서 다르므로 철학을 한 결과에 따라 이끌어내는 사물의 본질도 사람에 따라 달라진다.

사랑이나 자유의 본질이 사람에 따라서 달라지는 것은 의외라고 생각할 수 있지만 실제로도 그렇다. 그러므로 미국에서도 자유의 의의를 둘러싸고 격렬하게 대립하고 있다. 본질은 사람에 따라서 다르지만 나머지는 얼마나 다른 사람으로부터 지지를 얻을 수 있는가의 문제이다.

이와 관련하여 이 비사고적 요소는 인간의 독자적인 것이므로 이 때문에 철학은 인간 외에는 할 수 없는 행위라고 나는 생각한다. AI는 철학을 할 수 없다. 만일 가능하게 된다면 그것은 이미 AI가 아니라 인간이 아닐까.

자, 한마디로 내가 하는 비즈니스 철학 연수에서는 이러한 의미에서의 철학적 사고를 습득하는 것이 연수의 목적이다.

철학적 사고는, 일생 동안 사용할 수 있는 강인한 사고력을 습득하는 일이다. 그리고 나아가 그 철학적 사고를 일에 적용해 업무를 근원적으로 재검토하고 새로운 방식, 새로운 서비스, 새로운 가치를 만들어내기 위한 힌트를 발견할 수 있도록 하는 것이다.

왜 철학을 공부해야 하는가?

여기까지 철학의 의의는 충분히 이해했으리라 생각된다. 그렇다면 지금 왜 그런 사고가 요구되는 걸까? 그것은 주로 4가지 이유가 있다.

우선 ① 지금은 글로벌 시대이다. 철학이 발전해온 유럽, 미국 등의 엘리트는 모두 철학을 배우고 있다. 그런 사람들과 경쟁해야 하는 우리들도 똑같은 무기를 몸에 지니는 것이 당연히 좋기 때문이다. 이와 관련하여 대학교뿐만 아니라 초중등 교육에서도 철학하는 사고를 기를 수 있도록 커리큘럼이 마련되어 있고, 이제 세계 무한 경쟁에서 낙오하지 않도록 지금 학생들은 반드시 철학을 익혀 두어야 한다.

다음으로 ② 정석이 없는 시대이다. 세계는 21세기에 들어선 이후 혼란과 갈등 상태에 있다. 개인도 국가도 이전의 성공 모델이 붕괴되어 도대체 무엇이 정석인지 알 수 없게 되었다. 그래서 제로에서 생각할 필요성에 내몰려 있다. 철학은 그야말로 제로에서 사고하는 행위이므로 그 니즈가 고조된다.

나아가 바야흐로 ③ AI시대이다. AI가 급속도로 발전하고 동시에 사회 생활에 실제로 실용화되어 인간은 이제 창조적 사고를 하지 않으면 살아남을 수 없는 상황이 되었다. 앞으로 이야기하겠지만, 사실 철학은 매우 창조적인 행위이다. 그래서 주목받고 있는 것이라 생각한다.

마지막으로 ④ 팬데믹 시대이다. 코로나바이러스로 생겨난 팬데믹으로 뉴노멀을 비롯해 우리들은 상식의 재정의를 강요받고 있다. 철학은 사고를 새로운 시점에서 재정립하는 행위이므로 당연히 그 부분에서 도움이 된다.

철학이 비즈니스에 도움이 되는 이유는 무엇인가?

지금 철학이 요구되는 이유는 잘 이해했으리라 생각한다. 여기서는 그뿐만이 아니라 실제로 철학이야말로 비즈니스 사고에 꼭 적합하다는 점을 이야기하려고 한다. 그것은 유행하는 다른 비즈니스 사고와 비교하면 잘 알 수 있다.

예를 들면 최근 수년간 비즈니스 사고의 대표가 된 "디자인 씽킹", 지금은 서점에 가면 수많은 디자인 씽킹에 관한 책이 있지만 비즈니스 사고로서의 디자인 씽킹은 원래 디자인 회사 IDEO의 창업자인 데이비드 켈리David Kelly가 스탠포드 대학에서 응용하기 시작한 것이 시초이다.

내가 근무하는 야마구치 대학 국제종합과학부도 일본에서는 꽤 이른 시기에 스탠포드 대학의 d-school를 모방한 디자인 사고를 도입하여, 이를 교육의 핵심으로 하여 과제 해결 교육을 개시한 개척자적인 존재이다. 이 때문에 필연적으로 철학이 전공인 나 역시도 그러한 디자인 씽킹을 기초로 한 교육에 관여해 왔다.

한마디로 말하면 거기에서 요구하는 것은 유저(사용자) 주체의 크리에이티브 솔루션(창의적 해결책)이다. 빠져나올 수 없는 막다른 길에 내몰린 경제 속에서 이노베이션을 만들어내기 위해서는 그러한 창의적 발상이 꼭 필요하다.

그러나 유저를 주체로 하는 이상 당연히 한계가 있다. 디자인 씽킹을 하다 보면 더 자유로운 발상을 원하는 것은 당연하다. 그래서 최근에는 발신자 쪽을 주체로 한 "아트 씽킹"이 대두되고 있다.

아티스트는 자신이 좋다고 생각하는 것을 발신하기 때문이다. 하지만 동시에 그것이 세상에 대한 물음이다. 따라서 비즈니스에서 이것은 창의적 질문을 던지는 것과 같다.

그렇게 생각하면 철학은 이 모든 요소를 겸비하고 있다. 소크라테스는 이상한 물음을 던지는 방법으로 철학을 시작하고 철학을 통해 얻어진 결과는 상식을 뛰어넘는 창의적인 것이라 했다. 즉 '창의적 질문(크리에이티브 퀘스천) + 창의적 해결책(크리에이티브 솔루션) = 철학사상'이다.

그러므로 나는 철학적 사고는 지금 비즈니스가 요구하는 사고 그 자체라고 생각한다. 철학적 사고를 하면 우리들이 원하는 이노베이션이 자연히 실현될 수 있다. 다만 이를 위해서는 철학하는 태도를 유지해야 한다. 그것이 내가 주창하는 '피카소 슈타인이 된다'의 의미이다.

피카소 슈타인이 되다

철학의 비즈니스 연수에서는 마지막에 비즈니스 제안을 생각해 보도록 한다. 그러면 반드시 그중 몇 명에 대한 상사의 코멘트는 언제나

| 피카소 슈타인이 된다 |

피카소가 아인슈타인이 된다 → 이치에 맞는 창조를 낳는다

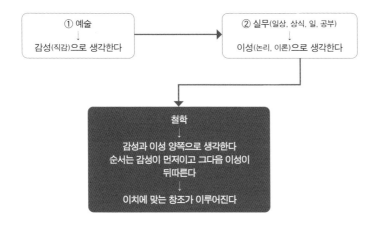

똑같다. 그것은 '발상은 재미있지만 결국에는 평범한 제안으로 끝나고 만다'이다.

이것은 피카소 슈타인으로 완전히 변모하지 못한 것이 문제이다. 나는 철학 연수를 시작할 때 우선 이 피카소 슈타인이 되는 의의를 강조한다. 말하자면 그것은 철학을 하기 위한 마음가짐이다.

철학자는 논리적으로 사물을 생각하지만, 의외의 발상과 같은 별난 발상도 한다. 그것은 철학자가 피카소 + 아인슈타인, 즉 피카소 슈타인이기 때문이다. 철학을 할 때는 입구의 계단에서는 예술처럼 생각할 필요가 있다. 감성과 직감으로 생각한다. 피카소처럼 터무니없어도 좋다. 하

지만 그것으로 끝나 버리면 그저 예술에 불과하다.

이것과 비교해 일 등의 실무에서는 일반적으로 이성과 이론으로 사물을 생각한다. 그 극치가 아인슈타인의 이론물리학과 같은 치밀한 논리의 세계이다. 철학에서도 그런 치밀한 이론이 요구되지만 그것은 어디까지나 나중의 일이다.

철학이 특이한 점은 입구는 감성으로 입장하지만 출구는 이성으로 정확하게 착지시킨다는 점이다. 그러므로 흥미로우면서도 충분히 납득할 수 있는 것이다. 게다가 감성이 먼저이고 그다음 이성이 뒤따른다. 어디까지나 '피카소 슈타인'이어야 하지 '아인슈 카소'이어서는 안 된다. 왜냐하면 입구가 논리적이면 애초부터 흥미로움에 한계가 있기 때문이다.

이 피카소 슈타인이라는 마음가짐을 통해 비로소 이치에 맞는 창조가 이루어진다. 비즈니스 철학 연수에서도 이 점을 처음부터 상당히 강조하지만, 아무래도 상사 앞에서 비즈니스 제안을 하게 되면 발상은 흥미롭지만 점차 평소대로 자신들에게 익숙한 사고로 돌아가게 되므로 어느 사인엔가 아인슈타인이 되고 만다. 재미있는 발상을 그대로 착지시키기 위해서는 피카소 슈타인을 계속 유지해야 한다.

이 이야기를 나의 YouTube 채널에서 소개한 적이 있다. 그때 즉흥적으로 새로운 미소된장국 이름을 고안하는 과정에서 나 자신이 피카소 슈타인이 되어 진행을 해봤다. 동영상을 본 사람도 있겠지만 이런 느낌이다.

"미소(된장), 도미소 된장국(일본은 게이름이 도미솔이 아니라 도미소임-옮긴이)!

여기까지는 피카소, 좋은 흐름입니다!

그럼 뭐가 어떻게 되는 거지요? 그래요, 여기서부터 아인슈타인이 등장합니다.

음~, 왜 도미소 된장국이냐 하면? 음악이죠. 도미소는 화음입니다. 그렇죠, 도, 미, 소(솔)로 시작하는 소재의 화음으로 구성하면 좋겠지요. 아, 도쿠다미(어성초), 미깡(귤), 묘가(양하, 아시아 열대 지방을 원산지로 둔 생강과의 여러해살이풀-옮긴이), 소바(메밀), 소라마메(잠두콩)……."

도쿠다미, 묘가, 소라마메의 '도미소(솔) 된장국'!

계이름을 따면 '도시 라면', '시레 소바' 뭐든 얼마든지 만들 수 있다. 직감의 무리한 요구를 어떻게 이성으로 착지시킬 수 있는가가 열쇠를 쥐고 있다. 꼭 여러분도 피카소 슈타인이 되어 보길 바란다.

MBA와의 차이는 머리(로부터의) 가치

이렇게 비즈니스 철학 연수의 특징을 이야기하면 자주 이런 질문이

| 스몰 매스 |

퍼스널라이제이션

? 스몰 매스 ?

매스(대중)

나온다. 그것은 MBA나 비즈니스 이노베이션 연수와 같은 비즈니스 전
문 연수와 어떻게 다른가 하는 내용이다.

분명히 닮은 부분이 있다. 하지만 그 대답은 그런 통상의 비즈니스 발
상과 철학과는 근본적으로 다르다. 철학의 경우는 비즈니스의 상식을 넘
어서 생각한다. 구체적으로 비즈니스 발상보다 '더 넓게, 더 깊게 생각한
다'는 점이 특징이다.

예를 들면 최근 비즈니스의 마케팅 발상에서 '스몰 매스(대다수는 아
니지만 일정한 규모의 시장이 예상되는 소비자의 층이나 집단-옮긴이)'라는
사고방식이 있다. 그림에서 보면 이 피라미드의 아랫부분 즉 다수의 대
중을 타겟으로 하는 TV의 CM과 같은 마케팅이 종래의 매스 마케팅이

다. 반대로 피라미드의 꼭대기 부분이 이른바 개인을 대상으로 한 개별적인 마케팅이 퍼스널라이제이션Personalization이다.

스몰 매스란 그 중간의 스몰 매스라고 불리는 일정 규모를 가진, 대중 대상의 마케팅 방식으로 SNS 등의 발전에 의해 가능해졌다. 그것이 새로운 방식으로 마케팅 교과서 등에도 소개되지만 철학은 애초에 이 피라미드의 어딘가에 활로를 찾아내려는 등의 발상은 하지 않는다.

오히려 피라미드 외부에 무엇이 있는가를 생각하는 것이 철학이다. 그것은 마케팅과 무관할 수 있으며 개인이나 대중이라는 차원을 넘어선 발상일지도 모른다. 어느 쪽이든 거기에 무언가 있을 수 있지 않을까를 생각하는 계기를 만드는 데에 특징이 있다.

지금 차원을 넘어선다는 표현을 사용했지만 통상의 차원을 넘어서는 데에 철학의 특징이 있다고 할 수 있다. 다음 장에서 소개하겠지만, 나는 시점을 바꾸는 방법으로 이차원(異次元) 주머니라는 도구를 제안한다. 거기에는 6가지 다른 차원의 시점을 제시한다. 왜 6가지인가는 비즈니스 기법에서 활용하는 '식스 햇츠법Six Thinking Hats'을 대응시킨 것이다.

식스 햇츠법에서는 각각 다른 성격을 가진 6명이 각자의 시점에서 봤을 때 어떻게 파악하는가를 살핀다. 6명의 다른 성격을 규정하는 모자를 쓴다는 데서 식스 햇츠라 한다. 하지만 내 의견을 말하자면 어느 쪽이든 인간의 성격이므로 그렇게 큰 차이는 없다. 가장 차원이 다른 시점에서 재차 파악하지 않으면 정말로 새로운 것은 보이지 않는다.

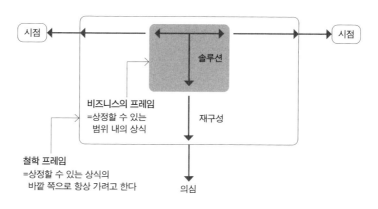

| 철학 프레임워크(구조)와 비즈니스 프레임워크의 차이 |

애초부터 끊임없이 생겨나는 비즈니스의 도구를 아무리 머릿속에 지식으로 넣고 있어도 그것은 단순히 지식일 뿐이다. 그것보다 중요한 것은 2천 수백 년 동안 변하지 않는 철학의 사고법을 습득하는 것이 아닐까 싶다. 그러면 도구의 숫자는 적지만 그것을 써서 머릿속에서 얼마든지 가치를 창출할 수 있다. 지식으로만 갖고 있는 것보다 '머리(로부터의) 가치'가 되는 것이다.

그러기 위해서는 보다 넓은 관점에서 사물을 파악하고, 보다 깊게 생각하는 것이 필요하다. 어느 방향으로든 늘 외부로 외부로 시각화해서 의식하는 것이 중요하다. 철학적 사고의 대전제는 늘 '지금의 자신'을 의심하는 태도, 버릇이다. 지금도 자신은 상식에 얽매여 있는 것은 아닌지 점검해 보자.

철학 센스를 연마하는 트레이닝

철학적 사고가 가능해지기 위해서는 역시 트레이닝이 필요하다. 그래서 나도 연수 중에 몇 가지 트레이닝을 매회 워밍업으로 겸하고 있다.

(1) 철학적 센스를 연마하는 트레이닝 1

철학에서 질문은 매우 중요한 행위이다. 물음으로서 의문을 가지고 사물의 본질을 알아낼 수 있기 때문이다. 특히 이상한 질문을 할 필요가 있다. 나는 이것을 '크리에이티브 퀘스천'이라고 부른다.

당연한 질문을 하면 당연한 대답밖에 돌아오지 않겠지만. 그래서는 본질이 보이지 않는다. 본질을 알고 싶다면 최대한 시점을 바꿔서 보이지 않는 것을 보는 노력이 필요하다.

예를 들면 '1+1'이라는 현상의 본질을 알고 싶다고 '1+1은?'이라고 물어서는 안 된다. 그러면 '2'라는 계산의 대답만 돌아올 뿐이다. 그것이 아니라 '1+1은 행복합니까?'라든가 '1+1은 지구를 구할 수 있습니까?' 등과 같은 이상한 질문을 해야 한다.

1+1은 지구를 구한다? 이를테면 지구에서 서로 반목하는 2개의 세력이 손을 맞잡으면 지구를 구할 수 있다……. 즉 1+1이라는 것은 상반되는 2개의 힘이 하나가 되어 조화를 가져다주는 측면을 갖고 있다는 사실을 알 수 있다.

이렇게 뽐내며 말했더니 어느 고등학교의 강연에서 '1+1은 무도관(武道館)을 묻을 수 있습니까?'라고 역으로 질문을 당하고 말았다. 그래서 나도 자존심을 걸고 필사적으로 생각해서 이렇게 대답했다. "보통으로 해서는 무도관을 땅에 묻기 어렵지요. 그것이 1이라고 하면 다른 하나의 궁리가 필요하다고 생각합니다. 그 또 하나의 궁리가 플러스 1이 아닐까요. 그러므로 1+1이면 무도관을 묻을 수 있을 것입니다." 즉, 1+1은 당연한 발상에 기발한 궁리 하나를 더 추가하는 방법이 아닐까 한다. 강연장에서는 박수가 터져 나왔다.

이렇게 이상한 질문을 하고 거기에 대해 필사적으로 생각함으로써 지금까지 보이지 않았던 본질을 보게 되는 것이다. 비결은 대답을 일절 상정하지 않는 것이다. 그렇지 않으면 예정 조화설처럼 미리 짜여진 것이 되어 버린다. 이 트레이닝은 확실히 묻는 센스, 즉 철학하는 센스를 연마할 수 있다.

(2) 철학적 센스를 연마하는 트레이닝 2

질문하는 기술을 연마하는 이야기를 했지만, 이번에는 대답하는 방식을 연마하는 트레이닝에 대해서 생각해보자. 내가 권장하는 방식은 그 자리에서 바로 본질을 말함으로써 뇌의 회로를 사용하는 방식이다. 나는 이것을 '본질 천 번 노크하기'라고 부른다. 쉬지 않고 계속해서 과제를 던짐으로써 본질을 답하도록 하기 때문이다.

본래 진지하게 생각해서 대답하는 것이 맞지만, 일부러 바로 대답하는 훈련을 함으로써 센스를 끌어올리려는 것이다. 오기리(大喜利: 한 주제를 두고 누가 더 재미있는 대답을 내놓는지 겨루는 예능 퀴즈-옮긴이) 연습을 하는 개그맨과 마찬가지다. 개그맨은 무리한 과제를 내놓아도 바로 재미있는 대답을 할 수 있다. 그것은 평소에 연습을 하고 있기 때문이다. 철학에서는 굳이 재미있게 말할 필요는 없지만 그래도 모두가 납득할 수 있는 사물의 본질을 꿰뚫는 대답이어야 한다. 이른바 크리에이티브 솔루션(창의적 해결책)을 끌어내는 연습이다.

내가 대학에서 이 즉답하기 트레이닝을 진행할 때 학생들이 답변한 예를 몇 가지 소개한다. 산이란 생명의 돌기, 스마트폰이란 뇌를 훔치는 도둑, 오차즈케(고명을 얹은 밥에 녹차를 부어 말아먹는 간단한 요리-옮긴이)란 먹기도 전에 소화, 우정이란 외로움 해소 계약(생각지도 않은 본심이 나온 것인지, 이 말을 한 학생의 주위는 모두 싸늘해졌다. 확실히 납득이 가는 부분이 있지만)……

(3) 왜 언어적 센스를 갈고닦아야 하는가?

이미 알아차렸을 듯하지만, 철학은 언어의 행위이다. 그러므로 언어적 센스를 갈고닦는 일이 철학적 센스를 연마하는 일로 연결된다. 여기에서 언어의 의의를 잠시 이야기해 두고자 한다. 왜냐하면 결국 철학은 언어유희에 지나지 않고 테크놀로지과 관련된 이노베이션 등과는 그다지 관계가 없는 것 아니냐고 생각할 수 있기 때문이다.

그러나 잠시 생각해보면 알 수 있듯이 인간은 언어를 사용하지 않으면 사고할 수 없다. 따라서 사고가 형태를 갖춘 것이 바로 현실이다. 온갖 현실, 즉 사물, 기술, 서비스 등은 언어가 원천을 이룬다. 스마트폰처럼 복잡하고 고도의 기술로 이루어진 것도 시작은 이런 것을 만들고 싶다는 언어에서 시작된 것이다. 그야말로 성경에서 말하고 있는 그대로다.

"태초에 말씀이 계셨다."

따라서 창조적인 언어는 그대로 창조적인 사물, 기술, 서비스가 된다. 그러므로 나는 언어적 센스를 갈고닦는 것을 중시한다. 언어에 민감해지면 개념을 만들 수 있다. 그리고 현실을 바꿀 수 있다.

그러기 위해서는 ① 언어에 집착하는 습관을 들인다, ② 항상 사고를 언어화하고, 엄밀한 언어로 표현하고자 한다, ③ 독창적인 언어를 만드려는 훈련도 평상시에 의식적으로 해둔다.

철학의 재미

내가 항상 연수에서 이야기하는 철학의 재미를 정리해보려고 한다. 지금까지 언급한 철학의 특징을 일단락 짓는 의미에서도, 또 무엇보다 이제부터 구체적인 작업에 돌입하기 전에 동기부여를 하기 위해서도 이 이야기를 해두는 것이 효과적이라고 생각한다.

우선 철학에는 누구도 생각할 수 없을 듯한 문제를 제기해서 생각하게 하는 재미가 있다. 이것은 노벨상급 발견의 기초가 되기도 한다. 노벨상 수상자의 기자회견을 보고 있으면 새삼 그렇게 느껴진다. 그들은 누구도 생각할 수 없었던 문제를 제기하고 그것을 계속 추구해 왔기 때문에 훌륭한 발견을 한 것이다. 즉 철학을 해온 것이다.

또 철학에는 뭐든지 다룰 수 있는(대상이 되는) 재미가 있다. 그러므로 누구라도, 어떤 업종의 사람이라도, 철학 비즈니스 연수를 받을 수 있다. 내가 출간한 책이 많은 것도 그 증거다. 지금까지 한결같이 사회 현상과 철학을 연관시켜 왔다. 예를 들면 최근 근로 방식 개혁이 이슈가 될 때는 일을 다루는 철학책을 출간했고, 인생 100년 시대가 화제가 될 때는 그것과 철학을 결부해 왔다.

생각해보면 철학은 본디부터, (고대 그리스 시대에서는 모든 학문의 왕이었으므로 당연할지도 모른다) 생활과 밀접했다. 그러니 꼭 여러분도 자신의 일과 철학을 결부해 보길 바란다.

더욱이 철학은 머리만 있으면 항상 어디서든 가능하다는 재미가 있다. 특별히 시간을 낼 필요가 없다. 출퇴근 시간이나 욕조에 들어가 있는 시간에도 철학은 가능하다. 바쁘면 짜투리 시간 활용, 그것만으로 충분하다. 하지 않는 것보다 백 배 낫다. 철학은 머리만 있으면 가능하다. 요즘 같은 세상에 Wi-Fi 없이도 가능한 것은 아마도 철학 정도일 것이다.

철학이 만들어내는 결과의 재미도 부연해 두겠다. 그것은 세계의 의미를 자신이 만들 수 있다는 재미이다. 세계를 새로운 언어로 다시 파악해보는 것은 이 세상 사물에 의미를 부여하는 신과 같은 행위이다. 자신이 사물에 의미를 부여한다는 것은 조그마한 전능감을 맛볼 수 있다. 흡사 세계의 일부를 자신이 만들어낸 듯한 느낌이다.

나는 그것을 일의 일부로 늘 해오고 있다. 예를 들면 나의 책 중 장기 베스트셀러인 『지브리 애니메이션으로 철학하다』라는 것이 있다. 이것은 지브리 애니메이션에 등장하는 키워드를 작품의 문맥 속에서 재검토해나가는 내용이다.

「이웃집 토토로」에서는 버스가 중요한 역할을 담당한다. 보통 우리는, 버스는 많은 사람을 운반하는 대형 교통수단이라고 생각한다. 하지만 이 영화에서 버스는 '기다리는' 요소로 그려진다. 토토로와 사쓰키가 나란히 서서 버스를 기다리는 장면은 이야기의 중요한 부분이다. 시간이 지나도 와야 할 버스는 오지 않는다.

그렇다. 버스는 뭐든지 예측할 수 있는 현대사회에 있어서 아직 불확실한 요소가 있음을 느끼게 하는 거의 유일한 존재이다. 이런 느낌으로 새로운 의미를 부여한다. 그리고 그것이 사람들의 공감을 불러일으키고 모두 그렇다고 수긍해서 이 책을 지지해 주는 것이라고 생각한다.

이렇듯 만일 내가 끊임없이 사물의 의미를 바꿔나가고 모두가 그렇다고 찬성해 주면 어떻게 될까? 어쩌면 내가 세계의 토대까지도 전환할 가능성이 있을지도 모르겠다.

이렇게 말하면 지나친 과장이라고 여길지도 모르겠다. 하지만 철학이 세계의 토대를 전환한 예는 얼마든지 있다. 프랑스의 철학자 루소Jean

Jacques Rousseau는 절대왕정은 이상한 형태라고 주장하고 시민 스스로가 직접 세상을 통치하기 위한 사회계약설을 제창했다. 사람들이 거기에 찬성했기 때문에 그 후 프랑스혁명이 일어났다. 또한 독일의 철학자 마르크스Karl Marx는 산업혁명으로 확대된 불평등을 이상하다고 느껴 사회주의를 제창했다. 사람들이 거기에 찬성했기 때문에 한때 지구의 절반이 사회주의 국가를 이루었다.

이런 식으로 철학은 정말로 세계의 토대를 전환하는 잠재력을 가지고 있다.

그러므로 철학을 사용하면 누구나 '게임 체인저(게임의 판도를 바꾸는 사람)'가 될 수 있다고 해도 과언이 아니다. 나 자신도 그렇다.

NHK가 처음 철학 정규 프로그램을 도입했을 때, 굳이 지방대학 교수에게 도움을 청한 것은 왜일까? 또 잡지에서 철학 특집을 게재할 때, 반드시 나에게 의견을 부탁해 오는 것은 왜일까?

리쿠르트 매니지먼트 솔루션이 처음 철학 비즈니스 연수를 개설할 때 나를 섭외한 것은 왜일까?

그것은 나 스스로가 일반인에게 철학을 전하는 분야의 게임 체인저가 되었다는 것을 의미한다.

그러므로 여러분도 자신의 분야에서, 직장에서 게임 체인저가 충분히 될 수 있다. 철학 사상을 습득하기만 하면 가능하다. 이를 위한 구체적인 트레이닝 방법에 대해서 이제 다음 장에서 이야기하겠다.

제2장

이노베이션을 일으키는
'비즈니스 철학 연수'

비즈니스 철학 연수의 개요

나의 비즈니스 철학 연수는 주로 4가지 파트로 구성된다. 이것은 1회 3시간 정도로 하는 연수에서도, 여러 차례로 나누어서 하는 연수에서도 마찬가지다. 수차례 나누어서 하는 연수에서는 당연히 각 파트별로 충분히 시간을 들여서 깊이있게 하게 된다. 또 그 때는 매회 후반부에 비즈니스 제안을 짜보는 시간을 갖고 마지막에 상사 앞에서 그것을 프레젠테이션으로 진행하도록 한다.

우선 첫 번째 파트는 철학적 사고의 기초를 배우는 파트이다. 예를 들면 크리에이티브한 질문을 하는 연습과 크리에이티브 솔루션(창의적 해결책)을 끄집어내기 위한 기초 트레이닝을 한다. 제1장에서 언급한 이상한 질문을 하는 연습과 오기리(예능 퀴즈의 하나-옮긴이)처럼 직감적으로 사물의 본질을 언어화하는 훈련 등이다. 그리고 무엇보다 이 처음 단계에서 내가 주장하는 '피카소 슈타인'의 중요성을 이해하도록 한다.

두 번째 파트는 의심하는 연습이다. 우선 상식이나 기존의 방식을 의심하지 않고서는 새로운 것은 창조되지 않는다. 그래서 철학적으로 의심하기 위한 연습을 한다.

세 번째 파트는 다양한 관점에서 보는 연습이다. 의심한 다음 그 테마를 다양한 관점에서 재검토할 필요가 있다.

네 번째 파트는 재구성하는 연습이다. 다양한 관점에서 재검토를 거친 다음에 주어진 테마를 이루는 요소들을 재구성한다.

이상의 과정을 통해서 상식을 완전히 새로운 언어로 표현함으로써 비로소 이노베이션이 창조된다. 첫 번째 파트에 대해서는 이미 제1장에서 내용을 소개했으므로 본 장에서는 '의심한다', '다양한 관점에서 본다', '재구성한다'라는 철학의 3가지 과정을 활용해서 이노베이션을 창조하기 위한 구체적인 방법을 이야기해 나가고자 한다. 각각의 과정에서 2개씩 철학의 프레임워크가 사용된 방법을 소개한다.

철학적으로 '의심'하는 방법

우선은 워밍업으로 '소크라테스의 산파술'을 이용한 방법을 실천해 보겠다. 이것은 문답법 또는 반박적 대화라고 불리기도 한다. 이것은 상대가 말하는 것을 단순히 부정하는 것이 아니라 기존의 생각을 뒤흔드는 물음을 던지는 것이다. 그럼으로써 상대에게 스스로 '옳음의 음미'를 경험하도록 한다.

나는 이것을 '소크라테스식 태클걸기'라고 이름을 붙였다. 보통 상대를 설득시키려는 것이 아니라 어디까지 본인이 납득해야 한다는 점에 중점을 두고 있기 때문이다.

예를 들면 '철은 단단하다'라고 단정하는 A씨가 있다고 하자. 이 사람에게 아무리 철은 부드럽다고 설득해도 더한층 방어벽을 쌓고 말 것이다. 그러면 마음속의 소크라테스에게 다음과 같이 또 다른 자명한 사실을 들이대도록 하여 본인이 충분히 납득해서 착각을 의심하도록 만든다.

A씨 : '철은 단단하다.'
마음속의 소크라테스 : '하지만 높은 온도에서는 녹지 않나요?'
A씨 : '분명 그렇죠. 그럼 철은 부드럽다고 할 수도 있겠군…'

이런 예를 설명한 다음에 나는 항상 다음과 같은 연습을 하도록 한다.

'여러분이 담당하는 일의 내용(테마) 중에서 상식으로 굳어진 것을 소크라테스식 태클걸기로 음미해 보시오.'
① 자신 : 'ㅇㅇ라고 생각한다.'
② 마음속의 소크라테스 : '하지만 △△에서는?'
③ 자신 : '분명 그렇죠. 그럼 ××일지도…'

이 워밍업 다음에 '울만 마가리트Ullmann Margarito의 합리적 재구성'을 응용해서 드디어 본격적으로 의심하는 연습을 한다. 위압감을 주는 명칭이지만, 모든 현상에 대해서 그것이 생길 수 있는 다른 상황을 기술하는 것이 가능하다는 말이다. 더 알기 쉽게 말하면 인간이 아닌 우주인

| 트집잡기 맵 |

구체적으로는 상식이라고 생각했던 것을 한 문장으로 표현하고 조사, 어미까지 포함해서 한 마디 한 마디를 의심하고 트집을 잡아 기술한다. 그리고 트집을 잡은 그 자신의 기술에 또다시 트집을 잡아서 트집을 가시화해 나간다. 나는 이것을 '트집잡기 맵'이라고 이름 붙였다.

이 조사하는 것처럼 한다. 우주인이 우리를 본다면 우리들이 하고 있는 것 모두가 이상한 일이다. 그러므로 얼마든지 트집 잡을 수 있다. 그것을 자신이 직접 해보는 것이다.

구체적으로는 상식이라고 생각했던 것을 한 문장으로 표현하고 조사, 어미까지 포함해서 한 마디 한 마디를 의심하고 트집을 잡아 기술한다. 그리고 트집을 잡은 그 자신의 기술에 또다시 트집을 잡아서 트집을 가시화해 나간다. 나는 이것을 '트집잡기 맵'이라고 이름 붙였다.

키워드에서 연상되는 것을 그려나가는 '마인드 맵'의 트집판이다. 항목별로 요점을 열거하는 방식보다 트집을 머릿속에 넓혀가는 이미지를 그대로 시각화한 것이다. 이렇게 해서 인간의 사고에 더 리얼리티를 살리고 더군다나 누락되는 일을 줄일 수 있으므로, 그림으로 표시한다. 이렇게 현실 또는 상식을 대상으로 해서 트집을 잡음으로써 의심을 깊이

해나가는 버릇이 생기도록 하는 것이 목적이다.

　그림의 예시는 식품 관계에 종사하는 이들이 그룹 활동으로 작성한 '트집잡기 맵'을 기초로 해서 내가 설명용으로 간략하게 다시 작성한 것이다. 이 그룹은 '식사는 하루에 세 끼 규칙적으로 먹어야 한다'라는 상식을 철저하게 의심하는 데서 출발해서 화장실에 갈 필요가 없는 식사가 있으면 좋겠다는 발상을 도출해 냈다.

　확실히 규칙적으로 먹는 것은, 불필요한 것을 섭취하지 않기 위해서이고 그것이 실현된다면 화장실이 필요 없어지게 될 것이다. 이것은 간병시대, 우주시대에 수요가 있는 발상이다. 이러한 트집잡기만으로도 이노베이션이 가능해지게 된다.

　여기에서 연습은 다음과 같은 느낌으로 이루어진다.

'여러분이 담당하는 일에서 상식으로 보편화된 문장을 쓰고 그것에 최대한 트집잡기를 하십시오.'
① 우선 선택한 테마에 관해서, 상식으로 여겨지는 것을 한 문장으로 표현하십시오.
② 다음으로 그 문장에 최대한 트집잡기를 하십시오.

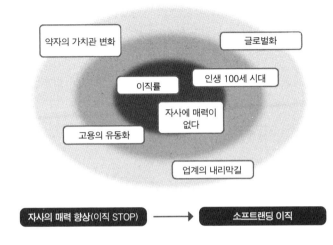

| 구조주의 갤럭시 |

약자의 가치관 변화

글로벌화

이직률

인생 100세 시대

자사에 매력이
없다

고용의 유동화

업계의 내리막길

자사의 매력 향상(이직 STOP) ⟶ 소프트랜딩 이직

철학적으로 '관점'을 바꾸는 방법

다음으로 관점을 바꾸기 위한 방법을 이야기해 보자. 우선 프랑스 사
상가, 레비 스트로스Claude Levi-Strauss의 구조주의를 사용한다. 구조주의
는 간단히 말하면 사물을 전체 구조로 파악하는 것이다. 사물을 조감하
듯 봄으로써 지금까지 보이지 않았던 부분을 발견하고자 한다. 이것도
어떤 의미에서는 관점을 바꾸는 것이 되기 때문이다.

레비 스트로스 자신은 아마존의 원주민을 현지 조사하는 과정에서,

그들이 사촌 간 결혼 풍습이라는 구조를 갖는 것은 단순히 뒤떨어져서가 아니라 문명사회와는 또 다른 별개의 시스템이 작용한다는 사실을 발견했다. 그것은 전체 구조를 보려고 했기 때문에 가능했다.

예를 들면 누군가 가난한 사람이 있을 때 그 개인의 가난에만 관심을 두면 근본적인 해결이 되지 않는 것과 마찬가지이다. 이 경우는 빈곤을 만들어내는 사회 구조의 원인을 들여다봐야 한다.

그래서 나는 전체 구조를 보는 방법으로 관점을 바꿔나가기 위해서 문제가 되는 요소를 중심에 두고, 동심원상으로 그것을 에워싸는 환경을 만들어보게 한다. 그리고 이것을 '구조주의 갤럭시'라고 이름 붙였다. 주변으로 점점 시야를 확대하여 글로벌 세계, 결국에는 우주까지 넓히는 이미지로 겉보기에도 갤럭시(은하계)와 닮았기 때문이다.

그림의 예는 어느 회사의 인사 담당자가 실제로 작성한 것을 바탕으로 설명용으로 간략하게 재작성한 것이다. 이 회사에서는 젊은 직원들의 이직률이 높아서 자사의 매력을 끌어올리려는 방안을 생각한 것이었지만, 전체 구조를 재검토하는 작업을 통해 그것이 자신 회사만의 문제가 아니라 세계적 흐름임을 알게 되었다.

그래서 자사의 매력을 끌어올려 이직을 멈추게 할 것이 아니라 도리어 이직을 이제 당연시 받아들이고 그 쇼크를 완화하는 방책을 생각하게 되었다는 것이다. 예를 들면 그만두겠다는 사람이 당당히 그것을 말할 수 있고 재빨리 다음 사람을 고용할 준비를 가능하도록 하는 소프트랜딩 이직을 도입한 이미지이다. 이렇게 되면 쌍방에게 있어 아무런 문제가 없고 나아가 유익한 면까지 있다.

이것은 다음과 같은 형태로 연습한다.

'여러분이 담당하는 일의 테마를 선택해서 그 구조를 생각해 보십시오.'
① 선택한 테마를 중심에 두고 그것을 에워싸는 환경(배경)을 동심원상으
로 퍼져나가도록 하십시오.
② 그 전체 구조 중에서 테마의 위치를 생각해 보십시오.

다음으로 가브리엘Markus Gabriel의 신실재론(新實在論, New realism,
neo-realism)으로 관점을 바꾸는 방법을 소개한다. 가브리엘은 지금 세
계에서 가장 주목받는 독일 철학자이다. 미디어에도 등장하는, 철학계
의 록스타로 불리고 있다.

그의 신실재론을 간단히 말하면 사물은 인식하는 대로 존재한다는
것이다. 가브리엘은 이것을 이탈리아에 있는 산을 이용해서 설명했지만,
이미지를 그리기 쉽게 하기 위해서 여기에서는 한라산으로 바꾸어 설명
하겠다.

예를 들면 한라산은 보는 사람에 따라서 의미가 바뀐다. 어떤 사람에
게는 항공기의 차창에서 내려다보이는 풍경에 지나지 않는다. 하지만 등
산하는 사람에게는 정복하고 싶고, 경치를 구경하기 위해 오르기 위한 산
이다. 제주도의 사람들에게는 내 고장의 산, 타지나 외국 사람들에게는 한
국을 대표하는, 제주도의 거의 모든 것에 영향을 미치는 산일지 모른다.

그런 식으로 사람에 따라서 사물의 의미는 변한다. 재미있는 것은 가브리엘의 신실재론에 의하면 그것은 단순히 사람에 따라서 보이는 방식이 다를 뿐 아니라 보이는 방식 그대로 같은 그 사물의 존재라는 점이다. 즉 한라산은 보는 사람의 숫자만큼 존재하게 된다.

그건 말도 안 되는 일이라고 생각할지 모르지만 이것이 틀렸다는 반박은 지금까지 증명할 수 없었다. 혹시 우리는 모두 평행우주(같은 공간에 서로 다른 우주가 존재한다는 이론-옮긴이)에 살고 있고 우연히 같은 한라산이라는 곳에서 세계가 겹쳐진 것뿐이라고 생각하는 것은 아닐까?

그래서 나는 최대한 의외의 관점에서 대상을 재검토해 봄으로써 그 사물의 의미를 무한대로 바꿀 수 있는 것이 아닌가 하고 생각하게 되었다. 그리고 그것으로 이미 어느 사물을 전혀 다른 것으로 파악하는 것이 가능하지 않을까 하고 생각한 것이다. 실제로 이스라엘 역사가 유발 하라리Yuval Noah Harari는, 그의 베스트셀러 『사피엔스』에서 '인간을 밀의 노예'로 그려냈다. 그가 이런 재미있는 생각이 가능했던 것은 단순히 생물의 관점에서 역사를 봤기 때문이다.

연수 중에 나는 항상 이쯤에서 카르타고Carthago의 장군 한니발Hannibal을 언급한다. 그가 그 정도로 다양한 전술로 전쟁에 이겨 진격할 수 있었던 것은 관점을 바꿔나갔기 때문이다. 따라서 한니발은 이렇게 단언했다. "관점을 바꾸면 불가능이 가능이 된다."

이것은 바로 비즈니스에도 꼭 들어맞는 이야기다.

이 신실재론을 응용해서 우선 랜덤으로 차원이 다른 관점을 제시하

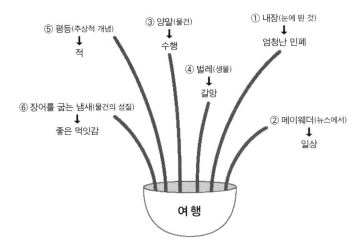

| 이차원(異次元) 주머니 |

⑤ 평등(추상적 개념)
↓
적

③ 양말(물건)
↓
수행

① 내장(눈에 띈 것)
↓
엄청난 민폐

④ 벌레(생물)
↓
갈망

⑥ 장어를 굽는 냄새(물건의 성질)
↓
좋은 먹잇감

② 메이웨더(뉴스에서)
↓
일상

여 행

도록 해서 그 관점에서 대상을 파악할 때의 의미를 쓰도록 한다. 이것을 나는 '이차원(異次元) 주머니'라고 이름 붙였다. 왜냐하면 다른 차원의 관점이 흡사 도라에몽의 4차원 주머니처럼 계속해서 튀어나오는 이미지기 때문이다.

이 다른 차원의 관점이라는 점이 중요하다. 복수의 관점이라고 해도 모두 비슷한 것, 즉 차원이 같으면 그다지 의미가 없다. 나는 6가지 관점을 일단 열거하도록 하지만, 그 6가지라는 것도 다른 차원이어야 한다는 점과 관련이 있다. 비즈니스의 프레임워크(구조) 중에 식스 햇츠법이 있다. 이것은 6명의 성격이 다른 사람이 한 대상을 본다면 각기 어떻게 파악할 것인가를 다루는 방법론이다.

하지만 나의 의견을 말하면 성격이 달라도 같은 인간이기 때문에 그렇게 획기적인 의외의 관점을 얻을 수 있다고는 생각하지 않는다. 철학은 그런 비즈니스 상식의 틀을 넘어선 행위이기 때문에 일부러 6가지 관점에 부딪쳐 보게 한다. 더군다나 이번에는 모두 차원이 다르므로 참신하고 탈 예정조화(豫定調和, 신이 예정해 놓은 질서에 의해 하나씩 실현되는 것에 불과하다는 이론-옮긴이)적 관점이 가능해진다.

그림은 실제로 연수자가 작성한 것을 내가 조금 수정한 본보기다. 어느 여행 회사에 근무하는 분이 새로운 투어 상품을 기획하기 위해서 여행을 다른 차원의 관점에서 재검토한 결과가 이것이다. 처음에 고령자의 관점을 언급해서 즉각적으로 제동을 걸었다. 고령자 관점은 이미 있다고 생각이 들었다. 그러므로 더 수월하게 눈에 띄는 것부터 시작하는 것이 흥미롭다고 조언했다.

그러자 그는 자신의 신체에 눈길을 주며 '내장기관(內臟器官)'이라고 말했다. 그리고 내장기관과는 다른 차원의 무언가, 그것과는 또 다른 무언가 하는 식으로 나열해 나갔다. 그렇게 6가지를 나열한 다음에 곧장 내장기관에서 본 여행은 어떤 것인가를 생각해 보도록 했다. 그런 것을 생각한 적이 없다고 말했지만 거기가 흥미로운 부분이다.

잠시 생각한 다음 그는 내장의 입장에서 봤더니 여행은 엄청난 민폐라고 말했다. 확실히 시차가 있거나, 장시간 이동수단을 타야 한다거나, 음식이 바뀐다거나, 화장실에 가고 싶을 때 갈 수 없다거나 해서 내장에게 있어서 여행은 엄청난 민폐라는 것이다.

결국 그는 나중에 '내장에 착한 투어'라는 아이디어를 제출했다. 이것은 상당히 좋은 아이디어라고 생각한다. 나도 위장이 약한 편이어서 이런 투어가 있다면 흥미를 가질 듯하다. 화장실이나 음식도 배려해 줄 듯하니 말이다. 이차원(異次元) 주머니가 없었다면 이런 아이디어는 나오지 않았을 거라는 후일담을 듣고 매우 기뻤던 기억이 난다.

이것은 어디까지나 일례에 불과하지만 실제로 연수에서는 다음과 같은 형식으로 연습을 진행한다.

'여러분이 담당하는 일의 테마를 이차원(異次元) 주머니로 재검토해 보십시오.'
① 무엇이든 1개 키워드를 선택하십시오.
② 차원이 다른 6가지 관점을 열거하십시오.
③ 그 다른 관점에서 각각 키워드를 어떻게 재검토할지 작성하십시오.

중요한 것은 먼저 차원이 다른 6가지를 정하는 것이다. 첫 번째 관점을 생각하게 되면 두 번째 이후도 그 영향을 받아 비슷한 관점을 나열하기 십상이기 때문이다. 이 차원이 다른 6가지를 정하는 것이 어렵게 느껴질지 모르지만, 비교적 간단하다. 첫 번째는 무조건 눈에 띄는 것으로 하고 그것과는 다른 차원의 어떤 것, 또 그것과는 다른 차원의 어떤 것을 계속해서 선정해나가면 된다. 추상적 개념도 하나 정도 관점으로 추가하면 철학다운 느낌이 난다.

그 각각의 관점에서 어떻게 파악할 것인가 하는 부분은 관점을 의인화하면 좋다. 즉 의인화해서 '내장님'의 입장에서 봤을 때 여행을 어떻게 파악할 수 있을지 생각하면 된다.

철학적으로 '재구성'하는 방법

마지막 단계는 재구성이다. 우선 헤겔Georg Wilhelm Friedrich Hegel의 변증법(辨證法, dialectic)으로 재편성하는 방법을 이야기하고자 한다.

헤겔은 변증법으로 알려진 근대 독일 철학자다. 변증법이란 간단하게 말하면 마이너스를 플러스로 발전시키는 논리다.

헤겔에 따르면 무엇이든 반드시 문제가 일어난다. 그리고 대부분 우리는 그 문제를 잘라버리거나, 그것을 외면하거나 하기 쉽지만 그러면 사물은 발전하지 않는다. 그래서 헤겔은 구태여 문제를 끌어들여 그것을 발판으로 삼아 더 발전한 상태를 지향해야 한다고 주장한다.

이것이 왜 재편성하기 위한 방법이 되는가는 상호 모순되는 2개의 사항을 잘 통합할 수 있기 때문이다. 많은 시점에서 접근해도 그것들을 재편성하자면 상호 모순되는 내용들은 좀처럼 하나로 통합되기 어렵다.

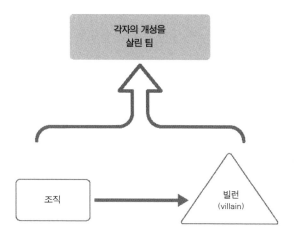

| 변증법적 문제 해결의 예 |

각자의 개성을
살린 팀

조직

빌런
(villain)

그럴 때 이 변증법이 도움이 된다.

세상에는 비교적 이 변증법을 활용한 재편성의 예가 많이 있다. 그것들은 문제 해결법이기도 하다.

원래 문제를 어떻게 해야 할 것인가를 생각할 때 그것을 끌어들여 발전시키려고 하는 것이 바로 문제 해결법이기 때문이다.

예를 들면 그림은 오피스 빌런을 활용한 예이다. 조직에는 반드시 빌런이 존재한다. 그런 빌런은 골칫거리라고 여겨 잘라버리기 쉽지만, 오히려 그 장점을 활용하려는 팀을 만들면 그것은 반대로 무기가 된다.

또는 '못생겼지만 귀엽다'는 말이 있듯이 캐릭터 중에도 못생긴 것을 굳이 그것을 귀엽다고 재인식함으로써 새로운 매력을 만들어내기도 한다. 내가 재미있다고 생각한 예는 바다에 유골을 뿌려주는 장의사 일을 하는 사람이다. 그는 바다에 유골을 뿌리는 장례를 진행하면 적자라는 문제점이 있다고 말했지만, 오히려 그 적자를 강점으로 삼으면 희소가치가 생긴다. 그만큼 단가를 올리면 비즈니스로서도 성립한다.

나는 이 방법을 '변증법적 문제 해결'이라고 부른다. 문제를 끌어들여 그것을 살린 역발상이다. 이것은 재구성의 방법이고, 어떤 의미에서는 이노베이션을 창출하는 방법이지 않을까 생각한다.

이 연습은 다음과 같은 방식으로 진행한다.

'여러분의 문제를 변증법으로 해결해 봅시다.'
① 어떤 테마와 관련된 문제를 뭐든 한 가지 지적하십시오.
② 그 문제를 잘라내지 않고 역발상으로 오히려 끌어들여 플러스로 전환해 보십시오.

다음은 데리다Jacques Derrida의 탈구축으로 재구성하는 것이다. 데리다는 프랑스 현대사상가로 탈구축 개념으로 잘 알려져 있다. 간단하게 말하면 일단 부수고 다시 만드는 것이다. 일단 부수었다가 다시 만든다는 것은 걸림돌이 된 문제를 부숴 도외시함으로써 새로운 관점이 생기게 한다.

데리다는 철학교육에 있어서 이 탈구축을 실천하고 있다. 철학교육을 바꾸려고 했지만, 기존의 틀로는 도저히 힘들어서 일단 부숴 전혀 새로운 틀을 다시 만든 것이다. 그것이 '국제 철학 콜레주'의 창설이다. 여기에서는 누구나 초일류 선생님의 지도하에서 철학을 자유롭게 배울 수 있다. 물론 학비도 없고 이수 단위제도 없다.

이것이 가능하게 된 것은 탈구축 덕분이다. 이 발상은 문학이나 패션, 건축 등 여러 가지 분야로 번져갔다. 탈구축주의 건축은 비교적 잘 알려져 있을 듯하다. 어디선가 본 듯한 그 구불구불 휘어 있는 듯한 건물 말이다. 내진성만 확보되면 반드시 건축은 모두 사각일 필요가 없다는 생각이다.

다만 일단 부수고 다시 만들 때, 어느 요소를 선택해서 재구성할 것인가는 중요하다. 전부 선택하면 원래대로 돌아가게 되고, 하찮은 요소만 뽑아내면 재미없는 것이 되고 말기 때문이다.

그래서 나는 요소를 분석한 다음에 창조적으로 다시 조립하는 것을 권장한다. 구체적으로는 자신이 좋아하는 요소만 고르면 된다. 그러면 이미 그것은 본디 것과는 다른 별개의 것이 되기 때문에 새롭게 명명할 필요가 있다. 그것까지도 포함해서 재구성하는 것이다. 이 방법을 나는 '좋아하는 것만(으로의) 조립'이라고 이름 붙였다.

'좋아하는 것만'이라는 표현이 자못 YouTube 시대의 자유로운 '현재'를 반영한 듯한 느낌이 들지 않는가? 나아가 탈구축은 영어로 말하면 '디컨스트럭션deconstruction'이므로 그것을 연상하는 언어 유희도 포함되어 있다.

그림의 예는 내가 예전에 새로운 근로 방식에 관한 책을 쓸 때 아이

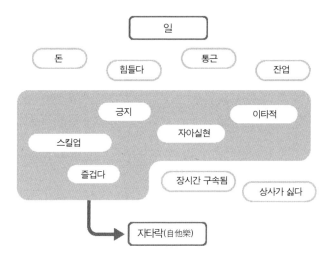

| 좋아하는 것만(으로의) 조립의 예 |

일

돈

힘들다

통근

잔업

긍지

이타적

자아실현

스킬업

즐겁다

장시간 구속됨

상사가 싫다

자타락(自他樂)

디어를 고안하기 위해 실제로 사용한 방법이다.

　그때는 코로나 전이었으므로 당시는 잔업이나 통근이 근로 방식 개혁의 걸림돌이었다. 그래서 그런 걸림돌 문제는 도외시하고 좋아하는 것만 골랐더니 나와 다른 사람이 함께 편해지고 동시에 나와 다른 사람이 함께 즐길 수 있는 것이 좋은 근로 방식이라는 결론에 이르렀다.

　그래서 이는 종래의 일하는 방식과는 다른 개념이므로 자타가 함께 편해지고 즐거워진다는 의미에서 자타락(自他樂)이라고 명명했다.

　이렇게 대담하게 탈구축함으로써 얻는 이점은, 걸림돌이 된 문제가 단지 해결해야 할 과제로 격하된다는 점이다. 실제 코로나 상황이 되고 나서 판명된 것은, 잔업도 통근도 어떻게든 극복할 수 있는 요소에 불과하다는 것이었다. '좋아하는 일만(으로의) 조립' 덕분에 코로나 상황 이전부터 나에게는 그것이 보였었다.

연수에서는 다음과 같이 연습한다.

'여러분이 담당하는 일의 테마를 탈구축해 보십시오.'
① 테마를 구성하는 요소를 최대한 나열하십시오.
② 좋아하는 요소만 선택하십시오.
③ 새롭게 명명하십시오.

앞의 단계에서 다룬 테마와 똑같은 테마로 의심, 시점 바꾸기, 재구성의 과정을 밟은 경우는 이차원(異次元) 주머니에서 나온 요소도 여기에 덧붙이도록 한다. 즉 다른 차원의 시점에서 대상을 재검토한 결과도 역시 그 대상을 구성한 요소라고 할 수 있기 때문이다. 그러나 그것은 지금까지 깨닫지 못했던 요소이므로 비교적 흥미로운 것이 많을 것이다. 그것도 사용해서 재구성하면 분명 흥미로운 결과가 될 것이다.

자, 어떠한가? 이렇게 마지막에 명명하는 작업까지 완료하면 그것을 그대로 비즈니스 제안에 활용해 보도록 할 수 있다. 자신이 담당하는 일의 어떤 테마를 재구성하고, 새로운 언어로 재점검한 것이기 때문에 말로 표현해보면 그것은 자신의 일을 새롭게 재점검하는 것이 된다. 즉 이노베이션을 수행한 것이다.

수많은 연수에서는 비즈니스 제안도 진행하고 있지만, 마지막은 매우 독특한 프레젠테이션이 펼쳐진다. 그중에는 제1장에서 말한 '피카소 슈타인'을 관철하지 못하고 모처럼 재미있는 콘셉트가 나왔는데도 그것을 비즈니스 제안으로 결부시키지 못하는 사람도 있다. 하지만 그 경우는 적절한 피드백을 주면 바로 궤도 수정이 가능하다.

그도 그럴 것이 비즈니스 철학 연수를 받은 사람은 특별히 비즈니스 제안을 하는 것만이 목적이 아니라 어디까지나 철학 사상을 습득하는 것이 목적이기 때문이다. 그것만 가능하다면 얼마든지 궤도 수정이 가능하고 또 비즈니스에 응용도 얼마든지 가능해진다. 부디 여러분도 이 책에서 비즈니스 철학을 익혀서 좋은 성과를 거둘 수 있는 최강의 비즈니스인들이 되길 바란다.

'삶의 고달픔'은
철학의 최고 교과서

3장부터는 비즈니스인들을 비롯한 누구나가 직면할 수 있는 일상 또는 업무상 고민에 대해 동서고금의 철학 예지를 바탕으로 해결책을 모색해 나가고자 한다. 철학을 통한 문제 해결법의 사례로 부디 참고해 주기 바란다. 여기서 다루는 고민은 모두 복잡한 현대사회를 반영한 내용이지만 편의상 다음과 같은 3개 장으로 나누어 게재했다.

제3장 '삶의 고달픔'은 철학의 최고 교과서
제4장 결과를 내는 '돈의 철학'
제5장 '연결고리'를 알면 잘 풀리는 비즈니스

즉 자신의 생활적인 고민, 경제적인 돈과 관련된 고민, 사회와의 관계에서 야기되는 고민, 이렇게 세 갈래이다.

사람의 고민은 대개 이 3가지 중 하나로 분류가 가능하다. 가장 많을 듯한 다른 사람과의 인간관계 고민은 이 어느 쪽과도 관련이 있다. 그래서 그것이 자신의 사적 생활 쪽에 해당하는 문제인지, 돈이 얽힌 것인지, 사회의 구조와 관련이 있는지에 따라서 제각기 나누었다.

이것은 다만 어디까지나 책의 구성을 위한 편의상 분류이므로 이에 얽매이지 말고 관심이 있는 고민이나 문제부터 읽어 주기 바란다.

더욱이 여기의 내용은 내가 「주간 이코노미스트」에 연재해 온 기사를 기반으로 삼고 있다. 단행본으로 편집하는 과정에서 다소 수정한 부분이 있으니 양해를 부탁드린다.

철학은 불면증에도 효과가 있는가?

…………………………………………………………………

코로나 바이러스로 재택근무를 시작하고 난 후부터 밤에 잠을 잘 자지 못합
니다.

자려고 하면 일과 관련된 이런저런 일이 신경 쓰여서 좀처럼 잠이 들지 못하
다가 그대로 아침을 맞을 때도 자주 있습니다.

불면증이 계속되지만, 수면제에 의존하고 싶지는 않습니다.

조금 생각을 덜 할 수 있으면 더 잠들기 쉬울 듯합니다만, 좋은 방법이 있으
면 알려주십시오.

철학자는 항상 어려운 생각을 많이 하니까, 분명 밤에 잠 못 이루는 사람이
많지 않을까 생각이 되는데요……

– 상담자로부터

사람은 불안하면 좀처럼 잠들 수 없다

하지만 아침은 반드시 찾아온다. 잠들지 못하는 날들을 지내는 동안
에 만성적인 피로가 쌓여서 정신 건강을 해치게 된다.

물론 수면제 등을 사용하는 방법도 있지만 가장 좋은 것은 문제의 뿌
리 그 자체를 해결하는 것이다.

그래서 참고가 되는 것이 '불면의 스페셜리스트'라고 해야 할 철학자,
힐티Carl Hilty 의 사상이다.

그는 스위스 철학자로 『잠 못 이루는 밤을 위하여』라는 책을 낼 정도로 불면에 대해 본격적으로 철학한 인물이라고 말해도 좋을 것이다.

우선 힐티는 무리하게 자려고 하지 않고 오히려 잠 못 이루는 밤을 활용하도록 설득한다. 그 이유는 잠 못 이루는 밤에 자기 인생의 결정적인 통찰이나 결단을 발견한 사람이 많이 있기 때문이다.

그러므로 잠 못 이루는 밤을 '신의 선물'이라고 여기고 활용하라고까지 말한다.

잠 못 이루는 밤에 해서는 안 되는 일

잠이 안 오는 것은 뭔가 이유가 있지만, 그 이유는 분명하지 않다.

그렇다면 잠 못 이루는 이유를 해결하려고 몸부림치며 괴로워하는 것보다 오히려 잠 못 이루는 것을 인생의 전환점으로 인식해서 적극적으로 활용하도록 설득한다.

구체적으로는 잠 못 이루는 밤을 앞으로 자신의 인생 어느 방향으로 나아가야 할지 생각하는 시간으로 삼자고 말한다.

그러나 이때 자기 자신에게 상담해서는 안 된다. 왜냐하면 갈피를 잡지 못하는 자신에게 아무리 물음을 던져도 해답이 나올 리 없기 때문이다.

가능하면 자신을 사랑해주는 사람들과 이야기를 나누도록 하라.

자신을 사랑해주는 사람은 자신을 최대한 소중하게 생각해서 대답해 줄 것이기 때문에 자신에게 있어 반드시 플러스가 되는, 그리고 자신을 상처 입히지 않는 조언을 해줄 것이다.

잠들지 못하는 것은 대부분 심야인데 아무리 친한 사이여도 전화를 하는 것은 민폐다.

그러니 잠 못 드는 밤에는 자신을 사랑해 주는 사람에게 메일이나 편지를 써보는 것을 권장한다. 문장으로 정리되면 자신이 무엇을 고민하고 있는지를 객관적으로 파악할 수 있다. 또 상대를 향해 글을 쓰다 보면 어떤 답장이 올지 예상할 수도 있으므로 그것만으로도 해결을 위해 한 발짝 다가서는 것이다.

사람에게 도움을 얻을 수 없는 경우는 좋은 책을 읽는 것이 좋다고 힐티는 말한다. 직접적인 답이 되지는 않더라도 독서는 고민으로부터 기분을 딴 데로 돌리는 데에 도움이 된다. 그러므로 머리맡에는 항상 애독하는 책을 놔두면 좋다.

힐티의 책 자체가 그 역할을 완수해 줄 것이다.

Philosoper

칼 힐티(1833~1909년)

스위스 철학자. 스위스 육군 재판장까지 오른 법학자이기도 하다. 3대 행복론으로 손꼽히는 『행복론』의 저자로도 유명하다.

추천도서

칼 힐티 저 『잠 못 이루는 밤을 위하여』

결국 인간의 행동 원리는 욕망 충족인가?

나는 술을 좋아해서 자주 마시러 가곤 합니다.

내가 생각해도 마시는 속도가 빠른지 금세 많이 마시게 되고 만취해서 주위 사람에게 민폐를 끼치기 일쑤입니다.

술자리에서 실수할 때마다 반성하고 잠시 금주를 하기도 하지만 잊힐 만하면 또 마시러 가서 만취하는 상황이 반복됩니다.

술을 끊으려고 생각하지만, 끊기가 어렵습니다.

인간이니까 결점이 한둘 있는 것은 어쩔 수 없는 걸까요?

– 상담자로부터

인간은 늘 욕구를 탓하기 쉽다

저걸 갖고 싶다, 이걸 하고 싶다는 생각은 분명 인간의 '욕구'와 밀접한 관계가 있고 욕구의 본질이라고 볼 수 있을 것이다.

하지만 그것이 철학에 있어서 '행위의 이유'가 되는가 하면 그건 또 다른 이야기다.

일반적으로 행위의 이유란 이렇게 하면 저렇게 된다고 하는, 행위와 결과 사이의 인과관계에 대한 '신념'을 전제로 해서 그 행위를 정당화하려는 욕구에 기초한다고 할 수 있다.

술을 마시면 취해서 기분이 좋아진다는 인과관계를 알고 있고 또한 마시면 취하는 결과에 이른다는 것을 믿고 있기 때문에 술을 마신다.

게다가 술을 마신 결과 기분이 좋아졌다면 원래 '술을 마시는 목적'이었던 '취해서 기분이 좋아진다'가 달성되기 때문에 '술을 마신다는 행위는 옳았다'고 정당화할 수 있다.

이러한 일이 성립하는 전제로 '술을 마시는 이유는 술에 취하고 싶었기 때문이다'라는 설명이 가능해진다.

그러나 이 생각에는 욕구가 모든 행위의 원인으로 전락할 수 있다. 식욕을 채우고 싶어서 식사를 했다, 졸려서 잤다, 술을 마시고 싶었기 때문에 마셨다…… 이런 '욕구에 내맡기는 행동'도 행위의 목적을 달성한 이상 모두 정당화할 수 있는 것이 되고 만다. '행위의 이유'를 욕구에서 찾으려고 하면 온갖 행위는 어떤 욕구에 근거한 것이 될 테고 그렇게 되면 '욕구를 위해 살아간다'는 논리까지 정당화되고 만다. 결국 인간의 행동원리는 욕구 충족에 있고 욕구에 굴복하고 마는 것은 어쩔 수 없다고 귀결되고 마는 것이다.

'인지주의'와 '덕'에 대한 논의

이런 사고방식에 대해 이견을 주장한 이가, 남아프리카 출신의 철학자 존 맥도웰John Henry McDowell이다.

그는 이러한 경우 '상황을 인식하는 방법(상황의 인지)'에 주목해야 한다고 말한다.

즉 욕구만 좇아서는 안 된다는 점을 알려주는 어떤 사실을 지각하고 있을 때, 단순히 욕구에 끌려다니는 것이 아니라 상황을 인식하고 분명하게 머리로 판단해서 합리적으로 행동해야 하는 것이다.

이것은 이른바 인지주의에 근거하고 있다.

한마디로 도덕적 판단이란 세계의 사물에 대해 좋다, 나쁘다로 평가하기 마련이므로 개개의 판단은 상황의 특징에 대한 인지로부터 성립된다고 보는 사고방식이다.

여럿이서 술을 마시고 자신이 만취하면 다른 사람에게 민폐를 끼치는 것은 하나의 '사실'이다. 그 사실을 알고 있으면 과음하지 않도록 욕구를 자제하려는 판단이 이루어진다는 논리이다.

인지주의 중에서는 그 당시의 상황을 알지 못해도 과학적 분석에 의해 판단할 수 있는 사고방식도 있다. 즉, 어느 정도의 알코올을 마시면 취해서 민폐를 끼친다는 정보만 있으면 술자리의 상황을 몰라도 판단할 수 있다는 내용이지만 맥도웰은 여기에는 반대한다.

이런 '상황'의 인식 방법은 그 사람의 '덕(德)'과 연관되어 있다고 맥도웰은 말한다. 욕구 외에 '덕'을 가지고 있으면 욕구에 떠밀리지 않고 적확하게 판단할 수 있다는 것이다.

맥도웰의 이론이 재미있는 것은 덕을 '지(知)'라고 본다는 점이다.

본래 덕을 몸에 지니는 것은 그렇게 간단한 일이 아니지만 맥도웰의 문맥에서는 모든 일을 잘 알고 그 근원을 생각하는 '지(知)'가 '덕'의 기초가 되므로 누구라도 '덕'이 있는 인물이 될 수 있는 길이 열려 있다는 것이다.

욕망에 싸여 행동하기 전에 그 일을 잘 알고, 거기에 기초하여 생각함으로써 옳은 행동이 가능하다는 것이다.

인간에게는 욕구가 있고 제거하는 것은 불가능하며 수행으로 욕구를 억제하는 것도 비현실적인데, 그 일을 잘 알고 생각한다면 누구라도 가능할 수 있다.

예를 들면 술이 몸과 사회에 끼치는 영향에 대해 알고 그 폐해나 일에 주는 영향에 대해서 진지하게 생각해 봄으로써 판단이 바뀔 수 있다.

돌이킬 수 없는 일이 일어나기 전에 상황을 인식하는 방법을 바꾸어 보는 것이 좋다.

Philosoper

존 맥도웰(1942년~)

윤리학이 전공이지만 심리 철학 분야의 업적도 많다. 다수의 저서가 있다.

추천도서

존 맥도웰 저 『덕과 이성』

왜 인간은 차별과 편견에 빠져드는가?

··

최근 직장 젊은이들이 맞지 않는 정보나 동료들의 얘기를 듣고 다른 나라를
폄하하는 이야기를 마구 입에 올리는 걸 보면 이상한 생각이 듭니다.
그런 정보는 온라인상에 넘쳐날 만큼 많은 듯합니다만, 실제 저는 본 적이 없
습니다.
그건 한마디로 그들 스스로가 그런 내용을 찾아다니는 거라고 생각합니다.
왜 그들은 그런 이야기만 찾아내서 흡수하는 것일까요?

― 상담자로부터

이것은 물론 본인의 의식 문제도 있다고 생각한다. 다만 최근 정치적인
사건을 계기로 주변국에 반감을 갖게 된 사정도 배경이 된 것일 것이다.
단지 정치적인 사건만이 원인이라면 주변국에 대한 반감은 본래 일
과성에 불과하므로 그 사건이 해결되거나 영향을 무시할 정도의 시간이
지나면 아무렇지도 않은 일이 되지 않을까 싶다.
아마 그런 배경이 있는 데에다 덧붙여 인터넷 정보 특유의 성질이 얽
혀서 뿌리 깊은 문제를 만드는 것이라고 생각한다.
지금 시대는 이미 젊은 사람뿐 아니라 모두가 인터넷에서 정보를 얻
는 것이 일상다반사가 되었다.
한동안 집중적으로 어떤 특정 분야의 정보나 특정 논조의 정보를 검

색하면 지금 인터넷상에서는 '사용자 맞춤 정보'를 우선적으로 표시하는 알고니즘이 작동되므로 자신의 주변 정보가 특정 논조로만 넘쳐나는, 이른바 특정 정보에 '갇혀버리는' 상황에 빠지기 쉽다.

'필터 버블'에 빠진다

『생각 조정자들』(일본에서의 책 제목은 『틀어박힌 인터넷』-옮긴이)의 저자 엘리 프레이저Eli Pariser는 이 문제를 '필터 버블'이라고 말하며 경종을 울리고 있다.

즉 인터넷을 사용하면 할수록 그 사람의 정보는 인터넷상에서 축적, 노출되어 그 사람이 추구할 것이라고 예상되는 정보가 시스템에 의해 추측되어 표시되는 방식이다.

여러분도 인터넷에서 물건을 구입할 때 한 번 클릭했던 상품 광고가 화면에 계속해서 표시되어 있던 경험이 있을 것이다.

상품만이 아니라 온갖 정보에 대해서도 같은 일이 일어나고 있다.

상품이 아니므로 느끼지 못하는 경우가 많은데, 우리들의 검색 이력을 기초로 취향이나 경향을 파악하고 거기에 맞춰서 광고를 표시하거나 추천 메뉴 상위에 올려놓거나 한다.

그런 상황을 프레이저는 '필터 버블'이라고 칭하고 있지만 그런 구조는 평소에 의식하지 못하는 법이다. 그러므로 우리들이 알지 못하는 사이에 편협된 정보 속에서 고립되는 결과를 낳는다고 그는 지적하고 있다.

본래는 하나의 논조만이 아니라 다른 논조도 접해 본 다음에 의사 결정을 해야 하지만 인터넷의 구조상 특정 논조밖에 보고 들을 수 없는 상황이 일어나기 쉽다. 게다가 자신은 편협된 정보만 접하고 있다는 점을 깨닫지 못하는 일이 일어나고 있다. 그런 '다른 정보로부터 차단된 상태를 만드는 상황'을 '생각 조정자들'이라고 표현한 것이다.

직장 사람들도 자신이 편협한 정보 속에 갇혀버렸다는 것을 깨닫지 못할지도 모른다. 아니 사실은 직장 사람만이 아니라 상담자도, 나 자신도, 그 어느 누구도 이미 그런 상황에 놓여 있다. 그 상황을 타개하기 위해 프레이저는 스스로 의식해서 행동 패턴을 바꾸어야 한다고 주장한다.

평소와 다른 정보를 일부러 검색해 본다거나 인터넷 브라우저의 사용자 정보를 특정하려고 사용하는 쿠키라는 데이터를 정기적으로 삭제하는 등, 구체적인 방법도 제안한다. 부디 직장 동료들에게도 권해 보는 것은 어떨까?

Philosoper

엘리 프레이저(1980년~)

미국 작가. 테크놀로지가 민주주의에 끼친 영향에 대해 설명했다. 시민 정치단체에서도 활동하는 활동가이기도 하다.

추천도서

엘리 프레이저 저 『생각 조정자들』

모호함이 세상의 본질인 이유는 무엇인가?

자주 다른 사람에게서 태도가 분명하지 않다든가 애매하다는 말을 듣습니다.
어지간한 일은 '어느 쪽이든 상관없다'고 생각하는 편이어서 어느 하나를 골
라야 할 때가 되면 좀처럼 결정을 내리지 못합니다.
이런 성격을 고치고 싶습니다. 어떻게 하면 좋을까요?

－ 상담자로부터

본래 어떤 일이든 간단히 흑백을 가릴 수 있는 것이 아니기 때문에
어느 쪽인지 결정해라, 확실히 하라고 하는 게 무리일 때가 많다.

본인으로서는 성실하게 답변하려는 것뿐인데, 결정을 못한다며 태도
가 불분명하다는 핀잔을 들으면 곤욕스러울 것이다.

모래 언덕의 역설

철학의 세계에는 '모래 언덕의 역설'이라는 사고방식이 있다. 즉 모래
언덕에서 모래를 한 알씩 제거해 나갈 때 그것이 모래 언덕이 아니려면
도대체 모래알 몇 개부터냐는 이야기다.

모래 언덕으로서 인정되는 모래알 수의 기준 따위는 물론 없다. 그러
나 그렇다면 단 1알이라도 모래 언덕이라고 하겠다 하면 할 수 있는 게
된다. 그런데 이것은 아무리 생각해도 이상한 이야기다.

똑같이 '대머리'에도 적용된다. 머리카락 숫자가 몇 개 이하면 대머리라고 규정하는 것인지 분명 이것도 매우 어렵다. 즉 어떤 기준도 파고들면 애매할 뿐이고 어떠한 일도 애매함에서 벗어날 수 없게 된다.

그런 곤란한 상황을 해결하는 데에 참고가 되는 것이 티모시 윌리엄슨Timothy Williamson 의 철학이다.

그에 따르면 '모래 언덕 문제'처럼 애매모호한 경우 인간은 난처해지므로 그것을 회피하려고 대안으로서 인간은 A이기도 B이기도 한 어정쩡한 상태를 설정하려고 한다는 것이다.

이 '어정쩡한 상태'를 '퍼지fuzzy 상태'라고 부른다. 그러나 윌리엄슨자신은 그러한 생각에 반대한다. '어정쩡한 상태'란 A이기도 하고 동시에 B이기도 한 상태이다.

모래 언덕의 예로 말하면 소량의 모래는 '모래 언덕이기도 하고 모래알이기도 하다'라고 생각하는 것을 말하지만 그런 사고방식은 모순을 내포하고 있어 이상하다고 그는 생각한다.

분명히 '머리가 벗어져 있고 동시에 머리가 벗어져 있지 않다'와 같은 경우는 있을 수 없을 것이다. 그래서 그는 애매함을 피하기 위해서 여하튼 어딘가에 경계선을 그어둘 것을 제안한다.

이 경계선을 도입하는 발상은 수학 등에서 쓰이는 '이치 논리'에 근거한 것으로 어떤 명제라도 반드시 참인지 거짓인지 어느 쪽인가가 답이여야 한다고 여긴다.

이 '이치 논리'처럼 모래알인지 모래 언덕인지, 어딘가에 경계선을 일부러 그어두지 않으면 '모래알이기도 하고 모래 언덕이기도 하다'라든가 '머리가 벗어져 있고 동시에 머리가 벗어져 있지 않다'라는 이상한 상황이 생기고 만다.

그렇게 되지 않기 위해 '모래알 몇 개부터 모래 언덕이라고 부른다', '머리카락이 몇 개 이하면 대머리라고 부른다'는 식으로 경계선을 설정해 두자는 것이다. 가령 '모래알 100개부터 모래 언덕이라고 한다'고 정한 경우 '모래알 100개는 모래 언덕으로 너무 적다, 1000개로 해야 한다'라는 식으로 그 기준에 불만을 터뜨리는 사람도 있을지 모른다.

다만 그런 이견이 있는 경우 또 다른 경계선을 설정하고 새로운 이름을 붙이면 그뿐이라고 그는 말한다. '모래알 100개는 작은 모래 언덕', '머리카락 100개면 약간 대머리'와 같은 방식으로 말이다.

그러면 상담자가 우유부단을 극복하기 위해서는 마찬가지로 자기 나름의 경계선을 마련해서 그것이 자신의 기준이라고 분명히 하는 수밖에 없다.

어떤 일이든 애매한 부분이 있긴 하지만, 우유부단한 것은 자신의 사고방식 문제다. 일을 어떻게 다루고 어떻게 판단할 것인가 생각을 다져나감으로써 자기 나름의 기준이 만들어지는 것은 아닐까. 개인적으로는 우유부단한 점 때문에 힘들어 할 정도라면 용기를 내서 분명히 선을 긋는 방식이 개운하지 않을까 싶다.

Philosoper

티모시 윌리엄슨(1955년~)

영국 철학자. 논리철학, 언어철학이 전문 영역이다. 애매함이라는 개념도 연구하고 있다. 저서에 『Doing philosophy』가 있다.

추천도서

티모시 윌리엄슨 외 저 『철학 한입(Philosophy Bites)』

산다는 것은 고통밖에 없는가?

취직을 준비하고 있습니다만 좀처럼 지망하는 회사로부터 좋은 평가를 받지 못하고 있습니다. 그 때문인지 최근에는 어떤 일을 해도 비관적으로 생각하게 됩니다. 바라는 취직이 안 된 상태로 평생 변변찮은 인생을 걷게 될 것 같은 느낌이 들어 매일 우울합니다.

저는 성적도 좋지 않은데다 달리 이거라고 할 만한 장점도 없는 하찮은 인간이라고 생각합니다.

사회에 나가서 다른 우수한 사람들과 직접 부딪쳐가며 경쟁해서 이길 수 있을 것 같지 않습니다. 가능하면 그런 경쟁을 피해 살고 싶습니다만, 그렇게 되면 살아가기 위한 최저 수준의 필요한 돈도 벌기 힘들 것 같습니다.

이런 인간으로 태어날 바에야 차라리 태어나지 말았으면 좋았을 것을 하는 생각이 자주 듭니다.

이렇게 생각하는 것이 비정상적일까요?

– 상담자로부터

세계를 둘러보면 불행한 일이 많다. 전쟁을 하는 나라가 있는가 하면 테러가 빈번하게 일어나는 나라도 있다. 빈곤한 정도가 아니라 먹을 것이 없어 기아로 사람들이 죽어가는 나라도 있다. 한편에서는 다행히 선진국에서 태어났다고 해도 살아가기 위해 작렬하는 경쟁에서 싸워 버텨내야 한다.

과연 인간은 이 세상에 태어나서 행복한 것인지 아닌지 묻고 싶어진다. 실제로 남아프리카 철학자 데이비드 베너타David Benatar는 『태어나지 않는 것이 축복』이라는 책에서 그러한 주장을 전개한다. 이것이 '반출생주의'라는 사상이다.

'반출생주의' 이론은 극단적이다

베너타는 '쾌락과 고통의 비대칭성'을 지적했다. 요컨대 '고통이 없는 것은 축복이지만 쾌락이 없는 것이 축복인지 아닌지는 사람에 따라 다르다'라고 제시했다.

고통과 쾌락은 일견 반대 개념인 듯이 보이는데 그 가치는 동등하지 않다는 것이다. 그렇다면 쾌락을 추구하는 인생과 오로지 고통을 피해가려는 인생 중에서는 고통을 피해가는 쪽이 더 본질적으로 행복하다고 생각할 수 있다.

그 결과, 고통을 피하기 위해서는 애초에 태어나지 않는 것이 축복이라고 그는 논증한다.

나아가 자신의 주장을 뒷받침하려는 듯이 세계에서는 매일 약 2만 명이 아사하고, 매년 사고로 350만 명이 사망하며, 2000년에는 81만 5,000명이 자살에 이르렀다는 사실도 지적하고 있다.

즉, 이 세상에서 살아가는 것은 고통에 가득 차 있다는 뜻이 된다. 이렇게 되면 잘산다는 의미가 180도 정반대가 된다. 더 행복해지는 것보다 고통을 없애는 것이 바람직한 인생이 된다.

그러므로 우리들의 도덕적 의무란 가능한 아이가 태어나지 않는 세상을 만드는 것이고, 그러기 위해서는 피임이나 인공적 임신중절을 적극적으로 실시해야 한다고 그는 말한다. 더욱이 단계적으로 인류를 절멸시키는 것이 필요하다고까지 주장했다.

이것은 극단론으로 들릴지 모르지만 어느 정도 설득력이 있다고 간주되어 영국에서는 '반출생주의당'이라는 정당까지 결성되었다고 한다.

나는 반출생주의에 찬성하지 않는다. 단순히 감정적으로 반대한다는 것이 아니라 철학적인 입장에서도 그렇게 생각한다. 고통과 쾌락 사이에 비대칭성이 있다고 해도 살아가는 가치 자체를 전면 부정할 수 없기 때문이다.

인간은 과오를 되풀이하기 마련인데, 완전히 똑같은 과오를 반복하는 것이 아니라 그 과정에서 조금씩 진보하고 있다.

가령 지금 세상에 살아가는 것이 고통에 가득 차 있다고 해도 미래 세상까지 고통에 가득 차 있다고 생각할 필요는 없다. 그러므로 아이가 출생하지 않도록 조작하거나 인류를 절멸시키는 것이 선(善)이라고 생각하는 것은 도가 지나치다고 생각한다.

상담자는 힘든 삶에 괴로워하고 있는 듯한데, 자신의 능력과 가능성을 과소평가하는 듯이 느껴진다. 적어도 자신이 보잘것없는 존재인지 아닌지는 세상을 더 경험하고 나서 판단해도 늦지 않을 것이다. 향후 당신이 체험하게 될 일 중에는 사소한 것이라도 고통이 아니라 행복하다고 느낄 일이 분명 있을 것이다.

Philosoper

데이비드 베너타(1966년~)

남아프리카 철학자. 반출생주의 이론가. 『태어나지 않는 것이 낫다(Better Never to Have Been)』 등의 저서가 있다.

추천도서

모리오카 마사히로(森岡正博) 저 『태어나지 않는 것이 축복일까?』

나는 결국 '뇌'인가?

....

'2045년에 발생될 문제'가 신경이 쓰입니다.

AI가 더한층 고도화되면 필시 AI가 스스로 인간을 능가하는 지성을 만들어낼 것이라고 하는데 그 시점을 '싱귤래리티(Singularity, 기술적 특이점)'라고 부른다고 합니다.

2045년에는 그 싱귤래리티가 도래한다는 설도 있다고 합니다.

결국 인류는 AI에 지배당하는 걸까요?

– 상담자로부터

AI는 경제 기폭제로서 큰 기대를 모으는데, 동시에 사람들 사이에 갖가지 불안을 만들어내고 있다. 그중에서도 '궁극의 불안'이라고 할 만한 것은 인간보다 똑똑한 AI가 '마음'을 갖게 되어 결국 인간을 지배하는 것은 아닐까 하는 것이다.

과학 AI 분야에서는 인간의 뇌 인지 시스템을 응용한 딥 러닝(deep learning, 심층학습)이라 불리는 방식으로 계산 능력만이 아니라 판단력도 AI에 부여하려고 한다. 그 결과 인간과 마찬가지로 마음까지 결국에는 AI에게 생겨날 것으로 주장하는 과학자도 있다. 아마 이런 점이 사람들의 불안에 박차를 가하는 것으로 보인다.

마음과 뇌는 다르다

그런데 본디 '마음'이란 무엇일까?

철학의 입장에서 말하자면 AI 연구에서 간주되는 '마음'과 철학에서 다루는 '마음'은 조금 다른 것이다. 그런 의견을 대표하는 것이 독일 철학자 마르쿠스 가브리엘Markus Gabriel이 주창한 신실존주의다. 신실존주의란 인간을 '자유로운 존재'라고 파악한 실존주의를 더한층 쇄신한 것이다.

가브리엘은 '나=인간의 마음'은 '뇌와 이퀄이 아니다'라고 단언한다. 마음은 가장 복잡하고 가일층 가능성을 가진 것이라고 생각하지만 마음(=정신)과 뇌를 동일시하려는 과학자의 사고방식과는 일획을 긋고 있다.

왜 그렇게 말하는가. 가브리엘에게 있어 인간의 마음이 '뇌와 이퀄이 아니다, 지극히 복잡한 것'이라는 사실은 우리들이 마음을 그런 것이라고 인식하고 있기 때문이라고 그는 설명할 듯하다.

반대로 만일 과학자의 '뇌=마음'이라는 견해를 우리가 받아들여, AI에게도 마음이 깃들 수 있다고 믿는 순간 우리는 'AI는 결국 사람의 지혜를 초월한다'라고 하는 과학자가 만들어낸 이야기에 사로잡히게 되고, 더 나아가서는 그것은 우리들이 '복잡하고 자유로운 마음'을 잃는 것을 의미하는 것이 된다.

이것은 마음의 문제라기보다 우리의 자유 그 자체의 상실을 의미한다고 가브리엘은 지적한다. 인간의 마음은 헤아릴 수 없는 것으로, 그것을 어디까지 연구할 수 있을까, 또는 연구해야 할까 하는 그것은 우리들의 '자유'에 맡겨져 있다.

인간을 기계와 마찬가지로 파악해서 뇌의 기능은 물론 마음까지 AI로 대체 가능하다고 생각하는 것은 그것 자체가 '인간의 마음이란 자유롭고 복잡한 것'이라는 생각을 버리는 것에 불과하고 그것은 즉 인간의 자유를 스스로 상실하는 행위 그 자체이다. 그것을 구태여 시도함으로써 '자유로운 인간의 마음'을 '과학이라는 이름의 우리'에 가둬두려는 것 자체가 AI가 우리 인간을 지배하는 것을 인정하는 게 아닐까?

AI가 인간을 초월하여 인간의 마음까지 기계로 치환할 수 있다는 생각을 믿는 순간이야말로 이른바 '싱귤래리티'이고, 그 순간부터 AI가 인간을 지배하기 시작한다는 견해도 가능하다.

그러므로 우리는 'AI에는 이길 수 없다'라고 간단히 생각할 것이 아니라 자유로운 인간의 마음이 AI에 치환될 수 없도록 계속 논쟁해야 한다. 그런 저항 자체가 인간의 마음이 자유로운 존재라는 점을 역설적이기는 하지만 보증하고 증명하는 것이다.

상담자도 직접 손을 움직이고, 자신의 머리로 생각해 봄으로써 자신의 마음이 자유롭다는 것을 실감할 수 있을 거라고 생각한다.

AI는 어디까지나 기계지만 인간이 기계에는 없는 그런 자유로움을 인식할 수 있다면 AI가 도입된다고 해도 자신과 같은 편으로 만들거나, 또는 기술을 응용하는 입장을 취하는 등 인간만이 할 수 있는 일을 새롭게 발견할 수 있을 것이다.

그렇다면 AI 발달을 그만큼 두려워할 필요는 없지 않을까?

마음의 실체는 인간의 복잡한 뇌 연구가 진전된 현재에도 여전히 해결할 수 없는 어려운 문제고 본래 디지털화가 어려운, 매우 애매모호한 존재이다. 마음과 뇌는 서로 다른 것이라는 가브리엘의 말의 의미를 지금 한 번 더 음미해야 한다고 생각한다.

Philosoper

마르쿠스 가브리엘(1980년~)

독일 철학자. 신실재론이나 신실존주의 등 새로운 철학을 주창하고 있다. 저서에 『왜 세계는 존재하지 않는가』, 『신실존주의』 등이 있다.

추천도서

마르쿠스 가브리엘 저 『나는 뇌가 아니다』

'커밍아웃'은 꼭 해야 하는가?

저는 어떤 여성 아이돌 그룹의 열광적인 팬, 이른바 아이돌 덕후입니다.

덕후 활동을 열심히 하는데, 응원하는 그룹의 라이브가 지방에서 개최되는 일이 늘어 그럴 때는 유급 휴가를 내고 원정을 가곤 합니다.

별로 휴가를 내지 않던 제가 최근에 자주 쉬니까 상사나 동료는 걱정을 하는 눈치입니다. 유급 휴가를 내기 쉬운 직장이어서 솔직히 아이돌 라이브 공연에 간다고 해도 문제는 없습니다. 딱히 나쁜 일을 하는 것도 아니어서 회사에 그것을 비밀로 해야 할 것도 아니라는 생각도 듭니다. 다만 직장에는 여성 사원도 많아서 아이돌 덕후라는 사실이 알려지면 이상하게 보는 사람도 있지 않을까 생각해서 솔직하게 말을 못하고 있습니다.

어떻게 하면 좋을까요?

– 상담자로부터

누구나 자신만의 기호가 있다. 기호란 자신에게 있어서는 견딜 수 없을 만큼 매력이 있는 것이라도 타인이 봤을 때는 '그런 이상한 것을 왜 좋아할까?'라는 말을 들을 수도 있다. 다만 그것은 불가피한 일이다. 인간은 한 사람 한 사람 다른 개성이 있기 때문이다. 좋아하는 것도 사람마다 다르다. 문제는 그 기호나 개성을 주위 사람들과 어떻게 조화를 이뤄 나갈 것인가, 주위 사람들에게 어떤 폐를 끼치는 것은 아닐지 등 주위 사람들에게 거부당하지 않으면서 자신의 기호나 개성을 잘 유지해 나가는 방법을 찾는 것이다.

긍정적으로 살아가기 위한 푸코 철학

여기에 참고가 될 만한 것이 프랑스 사상가 푸코Michel Paul Foucault가 제기한 '실존의 미학'이라는 개념이다. 푸코는 일관되게 지(知)의 역사를 연구한 철학자인데, 특히 만년에 이르러 성(性)의 역사를 연구하던 중에 발견한 것이 이 실존의 미학이었다.

이 연구에서 푸코는 고대 그리스에서 중요하게 여겼던 '솔직한 말하기'에 착안했다. 사람은 성에 관해 갖가지 기호를 가질 수 있지만 표준에서 일탈한 성에 대해서는 타인으로부터 심한 지탄을 받기 십상이므로 당사자는 자신의 기호에 대해 무의식중에 비밀에 부치기 마련이다.

그러나 푸코는 반대로 자신의 기호를 용기를 내서 타인에게 고백함으로써 가치를 발견한 셈이다. 세간의 가치 기준에 휘둘리지 않고 적극적으로 자신의 기호를 실현해 나가는 인생, 삶의 자세에 비로소 미적 가치를 인정하고 또 그런 삶의 자세에서 자신 본연의 존재 의의를 인정할 수 있다고 생각한 것이다.

남과 다른 기호를 가졌을 때 그것을 적극적으로 타인에게 고백하는데에는 인생에 관해 수동적인 자세여서는 실행할 수 없다. 타인에게 '저는 아이돌 덕후다'라는 것을 고백함으로써 비로소 타인으로부터도 '이 사람은 아이돌 덕후지'라고 인정받게 된다.

그것은 즉 '나는 (스스로 원한 것은 아니지만 어쩔 수 없이) 아이돌 덕후다'라는 방식에서 '나는 (스스로 나서서 타인 앞에서 인정할 정도로) 아이돌 덕후다'라는 방식으로 변하게 되는 것이다.

이것은 요컨대 '아이돌 덕후다'라는 소극적인 삶의 방식에서 '(타인 앞에서도) 아이돌 덕후가 된다'와 같은 적극적인 삶의 방식을 지향하는 것이기도 하다.

여기에서 주의할 점은 실존의 미학이란 단순히 자신만의 삶의 자세를 문제 삼는 것이 아니라 늘 타인과의 관계가 문제시된다는 점이다.

타인을 향해서 '나는 게이입니다'와 같은 고백을 한다는 것은 고백을 받는 타인과의 관계성을 변화시킨다. 동시에 타인 앞에서 '나는 게이입니다'라고 적극적으로 인정하는 것(즉 '게이가 된다')을 거쳐 자신 역시도 고백 이전과는 다른 '나'가 되었을 것이다. 즉 푸코가 생각하는 실존의 미학이란 자신의 삶의 방식을 되묻는 작업을 통해서 다른 사람과의 관계를 다시 만들어가는 작업이기도 하다.

사실은 푸코 자신이 동성애자였다. 당시는 지금만큼 동성애자를 관용하는 시대가 아니어서 그 자신도 스스로 섹슈얼리티에 대해 고민했었지만 어느 순간 자신이 먼저 이 '실존의 미학'을 실천하기로 한 것이다.

푸코의 실천이란 단순히 게이의 권리 획득 운동이 아니라 오히려 게이라는 삶의 방식을 새롭게 정의하고 자신도 그러한 삶의 방식을 실천하는 것이었다. 즉 푸코 자신이 게이인 것을 커밍아웃하고 그것에 의해 게이인 자신과 다른 사람과의 사이에 새로운 관계성을 구축해 나가는 것을 목표로 삼았다.

게이임을 밝힘으로써 그의 곁을 떠나간 사람도 있을 테고 그다지 관용적이지 않은 사회의 편견도 각오해야 했다. 다만 반대로 커밍아웃함으로써 푸코를 더 깊게 이해한 친구도 있을 테고 새로운 인간관계도 많이 생겼을 거라 생각한다. 어느 정도의 불이익을 각오한 상태에서 그래도 자기가 자신의 본연의 모습과, 자신을 에워싼 인간관계, 살아가는 환경을 결정해 나가고자 한 것이 푸코가 인정하는 가치가 아니었을까 생각한다.

나의 경우를 예로 들면 어느 날 한국 드라마의 열렬한 팬임을 커밍 아웃했다. 그다지 한국 드라마를 좋아하지 않는 지인으로부터는 '아줌마 같은 취미다'라는 부정적인 반응도 있었지만 반대로 '나도 사실 한국 드라마를 좋아한다'라는 사람도 나타나서 지금은 '한국 드라마 팬'임을 대대적으로 어필한다.

게다가 푸코는 예술에도 조예가 깊은 사상가였다. 그는 자기 자신의 인생도 또 하나의 예술 작품을 만들어내는 듯한 느낌이어서 누구나 정해진 인생을 걸을 필요는 없고 자기 자신의 고유한 인생을 살면 된다고 생각한 듯하다.

상담자도 남이 어떻게 생각하든 자기 자신의 본연의 모습을 부정적으로 볼 것이 아니라 오히려 타인의 앞에서도 긍정하도록 생각해 보는 것은 어떨까. 아이돌 덕후인 것을 부정적으로 보는 것이 아니라 덕후라는 자신의 모습도 자신이 좋아서 만들어낸 자신만의 예술 작품으로 인식할 수 있다면 상당히 마음이 편해지지 않을까.

타인 앞에서도 그런 적극적인 삶의 방식을 취하는 것을 결의하기만 하면 상당히 살아가기 쉬워질 거라고 생각한다. 오히려 상담자가 그런 확실한 태도를 취하면, 만일 커밍아웃했다고 해도 동료가 그다지 나쁘게 말하지 않을 것이다. 그러면 이제부터는 회사에서도 떳떳하지 못한 느낌에 사로잡히지 않고 자신의 기호를 추구해 나갈 수 있을 거라고 생각한다.

미셸 푸코 (1926~84년)

프랑스 철학자. 철학에 역사 연구 방식을 도입했다. 권력이 인간을 지배하는 구조를 연구함으로써 유명해졌다. 저서에 『지식의 고고학』, 『감시와 처벌』 등이 있다.

추천도서

신카이 야스유키(愼改康之) 저 『미셸 푸코 자기로부터 벗어나기 위한 철학』

왜 인간은 타인을 질투하는가?

제 옆자리에 다른 부서에 있던 동기가 이동해서 오게 되었습니다.

저보다 학벌이 좋고 일도 잘하고 인성도 좋아서 사내에서도 평가가 좋습니다.

저는 그 사람만큼 학벌도 없고, 일적인 능력에서도 자신이 없습니다만, 커뮤니케이션과 팀워크라면 자신이 있습니다.

저는 누구와도 사이좋게 지낼 수 있는 성격이어서 사내에서도 적이라고 할 만한 이가 없고 언제나 분위기 메이커 같은 역할을 해왔다고 생각합니다.

제가 지금까지 누구와도 사이좋게 지낼 수 있었던 것은 타인의 성공을 질투하거나 제 의견을 반대한다고 해서 뒤끝이 있다거나 하는 나쁜 감정에 사로잡히는 일이 없었기 때문이기도 합니다. 그것은 반대로 말하면 질투의 대상이 될 만한 동료가 지금까지는 눈앞에 없었기 때문이기도 합니다. 하지만 이번에 옆자리에 오는 동기에게는 왠지 질투심을 품게 됩니다.

이 기분을 어떻게 컨트롤해야 할까요?

– 상담자로부터

인간은 누구나 열등감을 품기 마련이다. 그렇기 때문에 열등감에서 비롯되는 질투심이나 라이벌 의식이 생겨나는 것도 당연하다. 그런 기분을 무리하게 억누를 필요는 없다. 오히려 그렇게 하는 것은 부자연스럽게 느껴지기까지 한다.

하지만 그렇다고 해도 자신보다 뛰어난 사람과 경쟁만 하고 있으면 마음만 지칠 뿐이다. 위에는 그 위가 있는 법이다. 중요한 것은 그 열등감을 자신의 성장으로 바꿔나가는 것이다. 여기서 참고가 될 만한 것이 심리학자이기도 한 아들러 사상이다.

원래 내과의였던 아들러Alfred Adler는, 신체적인 핸디캡이 있으면서도 그 약점을 발판으로 노력을 거듭해서 관중을 매료시키는 서커스 예능인들을 직접 목격하고 열등감이 사람을 성장시킨다는 사실을 깨달았다.

다만 그 열등감을 다른 사람과의 경쟁에 돌리는 것이 아니라 자신의 이상에 가까이 가려는 발판으로 삼는 것이 중요하다는 것을 깨닫는 것이다. 같은 열등감에도 이른바 좋은 열등감과 나쁜 열등감이 있다고 아들러는 생각했다.

'좋은 열등감'과 '나쁜 열등감'이 있다

나쁜 열등감이란 자신과 타인을 비교함으로써 생겨나는 것으로 자신을 성장시키는 데 별로 도움이 되지 않을 뿐 아니라 자신을 괴롭힌다.

한편 좋은 열등감이란 자기 자신의 이상을 직시하고 현 상태에서 부족한 부분을 파악함으로써 생겨나는 것으로, 인간은 이러한 열등감을 발판으로 열심히 노력하기 때문에 자기 자신을 높이는 데 도움이 된다.

인간은 자신도 모르게 자신과 타인을 비교해서 타인이 더 많이 혜택 받았다고 느낀다. 하지만 그럴 때도 잘 생각해 보면, 애초부터 타인의 일 따위는 자신이 그렇게 문제 삼지 않고 있었음을 깨닫게 된다. 다른 사람이 더 많이 혜택을 받았다기보다 자신이 어떻게 되고 싶은지가 훨씬 중요하다고 깨달을 것이다. 아들러는 그것을 '과제의 분리'라고 부른다. 즉 자신이 해야 할 것을 정리함으로써 마음이 편해진다고 그는 말한다.

자신의 과제란 본래 자신에게만 의미가 있는 것이고, 그리고 무엇보다도 자신만이 해결할 수 있다. 타인이 자신보다 뛰어난지 그렇지 않은지, 타인이 자신보다도 더 좋은 평가를 받고 있는지 아닌지 따위는 그런 의미에서 자신의 과제가 아니기 때문이다. 그러므로 고민하는 사람도 다른 사람을 라이벌로 볼 것이 아니라 자신은 어떻게 되고 싶은지를 철저하게 분석하는 일을 우선하는 것이 어떨까? 하지만 자신이 어떻게 되고 싶은가를 생각하는 것은 꽤 어려운 작업이다.

어떻게 하면 자신이 행복한가, 자신에게 있어 무엇을 하는 것이 득이 될까 따위를 생각하기 위해서는 우선 자신을 둘러싼 상황을 냉정하게 또

자신을 높인다		자신을 괴롭힌다
↑		↑
자신의 이상을 추구	⟷	다른 사람과 비교
↑		↑
좋은 열등감		나쁜 열등감

객관적으로 분석할 필요가 있다. 판단하기 위한 기준이 자신 안에서만 가능하므로 자신 안에 그런 가치관을 축적할 필요가 있다.

또 여러 가지 가능성 중에서 하나의 가능성을 우선시하는 것은 다른 가능성을 버리는 것이기도 하다. 자신에게 불필요한 요소나 방식 등을 버릴 용기도 필요해진다. 이것은 어려운 작업이므로 한번 생각한다고 간단히 대답을 찾기 힘들 수 있고 또는 한 번 찾아낸 그 대답이 금방 의심스럽게 느껴지기도 한다. 그러나 그럴 때도 두 번, 세 번 끝까지 생각해서 자신 나름의 이상을 찾아내야 한다. 그것은 자신만이 할 수 있는 과제이며 믿을 수 있는 것은 자신뿐이다. 그런 작업을 도중에 포기하지 말고 급할수록 돌아가라는 마음가짐으로 몇 번이고 몇 번이고 생각해 본다. 그 작업을 해두면 타인과 비교하는 쪽으로 향하는 마음이 자연스럽게 없어지고 자신을 컨트롤할 수 있게 될 것이다. 다른 사람에게 좌지우지되지 않고 자신이 하고 싶은 대로 행동하게 된다. 그러면 인생이라는 무대가 그렇게 비로소 자신의 것이 되는 것이다.

알프레드 아들러(1870~1937년)

오스트리아 출신 심리학자. 아들러심리학 또는 개인심리학이라고 불리는 독자적 입장을 확립했다. 의사로서 근무했을 때의 경험을 바탕으로 열등감에 관심을 가졌다. 저서에 『인생의 의미 심리학』, 『사람은 왜 신경증에 걸릴까?』 등이 있다.

추천도서

기시미 이치로(岸見一郞) 외 저 『미움 받을 용기』

부부관계는 왜 대체로 원만하지 않은가?

저는 내년이 되면 결혼 30주년을 맞이합니다.

날로 부부 사이가 좋아졌다고 해야겠지만 유감스럽게도 해를 거듭할수록 부부 사이가 냉랭해지는 듯합니다.

관계 개선을 위해 진주혼식(결혼 30주년을 기념하여 축하하는 의식-옮긴이)을 하려고 생각했는데, 아내에게 의논했더니 '안 해도 된다'라는 답변이 돌아왔습니다. 아내는 혼자서 생활하고 싶은 건지, 제가 해외로 파견 근무를 가면 좋겠다는 말도 들은 적이 있습니다.

최근에는 '함께 공동 묘에 들어가고 싶지 않다'고도 말하여, 솔직히 상당히 상처를 받았습니다. 저로서는 아내와 가족을 위해 지금까지 열심히 일해 왔다고 생각합니다. 그런데 이런 냉담한 말을 하는 것은 너무한 처사라는 생각이 듭니다.

왜 이렇게 돼버린 걸까요?

— 상담자로부터

사랑이란 손이 많이 가는 일이다. 왜냐하면 늘 키워나가야 할 필요가 있기 때문이다. 일시적으로 누군가를 사랑한다거나 좋아해도 그 관계를 유지하기 위해 아무런 노력도 하지 않으면 오래 지속되지 않는다.

당연히 결혼생활에도 이것이 똑같이 적용된다고 할 수 있다. 누군가를 계속 사랑하고 또 상대에게도 계속 사랑받기 위해서는 노력이 필요하다. 그런 노력이 귀찮다고 생각하는 사람은 금방 사랑을 잃게 된다.

이렇게 하지 않고도 결혼생활을 오래 이어가고 있다고 큰소리치는 사람이 간혹 있는데, 과연 정말로 그럴까 하고 의문이 생긴다. 그런 관계에 정말로 사랑이 있는 걸까? 배우자나 가족도 그렇게 생각할까?

상담자도 바로 그런 벽에 직면하고 있는 듯이 느껴진다.

'사랑'의 본질이란 상대를 원하는 데에 있다

결혼해서 30년, 자신은 계속 사랑해왔다고 생각하지만 상대는 그렇게 생각하지 않고 있는 느낌을 받은 것 같다. 상담자로서는 열심히 해왔다고 생각하므로 상대방 태도의 이유를 모르는 걸 거다. 한탄하고 싶은 기분도 잘 안다. 그러나 상담자가 열심히 해온 것은 일이나 가족을 지키기 위한 일에만 국한된 건 아닌지, 부인을 사랑하는 것도 지금까지 열심히 노력해온 것이 맞을까? 부인의 사랑을 받기 위해서는 우선 상담자가 부인을 사랑해야 한다고 생각한다. 그런데 사랑이란 도대체 뭘까? 사랑이란 상대를 원하는 것이라고 고대 그리스 철학자 플라톤Plato은 말했다.

플라톤이 설파한 사랑이란 '에로스'라는 것으로, 이것은 상대를 원하는 마음 외에 아무것도 아니다. 플라톤에 의하면 인간이란 완벽한 것을 추구하는 존재로, 그 에너지는 에로스라는 것이다. 물론 에로스가 추구하는 완벽한 것은 그렇게 간단히 손에 넣을 수 없다. 완벽한 것을 손에 넣을 수 있으려면 당연히 갖가지 장애를 뛰어넘어야 한다. 본질적으로 사랑이란 이러한 것이므로 연애관계이든 결혼생활이든 그것을 유지하기 위해서는 늘 '완벽한 것을 추구한다'라는 마음가짐이 필요하다.

그렇다면 상담자는 정말 그런 노력을 하였을까? 지금까지 부인에게 '사랑한다'는 말도 속삭이지 않았고, 맥주 먹은 불룩한 배를 내밀고 소파에만 드러누워 있었다면 결코 완벽한 것을 추구한 자세라고는 할 수 없다. 즉 부인에 대한 자세가 부인이 상담자를 쌀쌀맞게 취급하게 된 이유가 아닐까 생각한다. 관계를 개선하려면 우선 그러한 부분부터 바꿔나가야 한다. 서로 사랑하는 관계를 이어가고자 한다면 상대에게 사랑받는 일만 기대할 것이 아니라 자신이 상대를 사랑해야 할 것이다. 좀더 덧붙이자면 상대에게 언제까지고 필요한 존재이고 싶다면 우선 당신이 상대를 필요로 하고 원해야 한다. 아마 상담자와 부인의 관계도 처음 알게 된 당시에는 분명 그런 관계였을 것이다. 그래서 두 사람은 결혼했을 것이다.

Philosoper

플라톤(BC 427~347년)

고대 그리스 철학자. 현실 세계와 대비되는 완전한 이상 세계로서의 이데아 세계가 존재한다는 "이데아론"으로 유명하다. 소크라테스의 제자이기도 하다. 저서에 『소크라테스의 변명』, 『향연』 등이 있다.

추천도서

플라톤 저 『향연』

왜 인간은 죽음을 두려워하는가?

탤런트 시무라 켄(志村けん) 씨나 오카에 구미코(岡江久美子) 씨가 이번 코로나 감염으로 사망해 큰 쇼크를 받았습니다. 코로나 바이러스는 감염되어도

중증을 보이지 않는 사람도 많지만, 고령자나 기저질환이 있는 사람이 감염되면 한순간에 죽는 경우도 많이 있다고 합니다. 저 자신도 코로나에 감염되어 죽는 게 아닌가 하는 생각에 불안한 날들을 보내고 있습니다.

– 상담자로부터

코로나 바이러스에 의한 희생자가 연일 보도되고 있다. 그런 보도를 접한 누구나가 이것이 내일은 나에게 닥칠 일이 아닐까 하고 죽음에 대한 불안에 사로잡힌다. 그러나 우리 모두가 당장 죽는 것은 아니므로, 지나치게 불안해하지 말고 하루하루의 생활을 소중히 해나가야 할 때다.

요컨대 불필요하게 죽음을 두려워하지 말고 지내야 하지만, 도대체 어떻게 하면 우리는 죽음을 두려워하지 않고 일상을 보낼 수 있을까?

논리적으로는 죽음을 두려할 필요는 없다

미국의 명문 예일대학에서 개설된, 철학자 셸리 케이건Shelly Kagan의 '죽음'을 테마로 한 강의는 20년 이상 인기 강의로 확고한 지위를 획득하고 있는데, 그 강의가 『죽음이란 무엇인가』 책으로 만들어져, 이를 통해 알고 있는 사람도 많을 거라고 생각한다. 논리적으로 죽음을 생각하면 두려워할 필요가 전혀 없음을 케이건은 갈파한다.

그 자신은 사후에 영혼이 계속 살아간다고 생각하지 않으며 사후에는 모든 것이 소멸한다는 물리주의 입장을 옹호한다. 즉 인간이란 사람으로서 기능을 완수하기 위한 존재이고 영원히 존재하는 넋이나 영혼

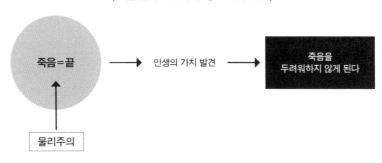

| 죽음을 두려워하지 않고 지내려면 |

죽음=끝

물리주의

인생의 가치 발견

죽음을
두려워하지 않게 된다

의 요소는 전혀 없으므로, 죽음에 의해 사람은 무(無)로 돌아간다는 것이다. 하지만 그렇기 때문에 죽을 때까지의 시간이 중요하다. 그래서 오히려 케이건은 '어떻게 살아갈 것인가'에 중점을 둔다. 만일 당신이 '이것만은 죽어도 절대로 완수한다'라고 할 만한 '목적'을 가지고 산다면 그 목적을 달성하기까지 죽음을 지나치게 의식하거나 두려워하지 않을 것이다. 그런 인생을 보내는 것은 한마디로 죽음을 두려워하지 않고 살아가는 것과 마찬가지라고 그는 생각한다. 분명 명확한 인생의 목적을 가지는 것은 그것에 의해 살아가는 의미를 확인할 수 있다는 차원에서도 가장 가치 있는 삶의 방식이라고 말할 수 있다.

한편으로 케이건은 단지 오래 사는 것을 행복하다고는 생각하지 않는다. 그저 살아가는 것만이 인생에 있어서 중요한 것이 아니라고 그는 생각한다. 인생이란 길고 짧음을 겨루는 것이 아니라 그 삶의 질을 문제 삼는다. 그리고 인생의 질이란 자기 자신에게 있어서 그 인생이 가치 있는 것이었는지 아닌지 그 인생을 살아가는 자기 자신에 의해서 판단될 뿐이다.

얼마 전의 일인데, '100일 후에 죽는 악어'라는 4컷짜리 만화가 인터넷상에서 화제가 되었다. 평범한 일상을 사는 악어의 모습이 그려진 거뿐인 만화였는데, 왜 사람들의 공감을 불러일으켰을까? 이 만화는 제목으로 알 수 있듯이 이 악어가 100일 후에 죽는다는 사실을 독자는 알고 있다는 설정이 되어 있다. 그런 까닭에 평범한 일상의 1컷이 불가사의하게도 매력적으로 보이는 것이다. 코로나의 만연으로 '삶'이 죽음과 서로 맞닿아 있음을 의식한 우리가 지금 할 수 있는 일을 달성하는 것의 의미를 새삼 실감하고 있는 것은 아닐까 하는 생각이 든다. 살아간다는 것은 결코 죽음과 떨어져 있는 것이 아니라 오히려 삶과 이웃해서 존재하는 것이다. 그렇다고 한다면 지금 코로나로 인한 죽음의 불안을 실감할 때 자신이 정말로 하고 싶은 것을 한 번 재검토해 보는 것은 어떨까. 나는 그것이 죽음의 공포에서 벗어나는 유일한 길이라고 생각한다.

Philosopher

셸리 케이건(1956년~)

미국 철학자. 도덕·철학·윤리 전문가로서 알려져 있고 '죽음'을 주제로 한 예일대학 강의는 20년 이상 인기를 모으고 있다. 저서에 『도덕성의 한계』 등이 있다.

추천도서

셸리 케이건 저 『죽음이란 무엇인가』

인간은 왜 자신을 컨트롤할 수 없는가?

저는 이른바 말하는 '고령 은둔형 외톨이'입니다. 40살이 넘었지만 무직이고 부모와 본가에서 살고 있습니다. 저는 어릴 때부터 '욱하는' 인간이었습니다. 중학교 때에 동급생과 싸웠습니다. 처음에는 단순한 말다툼이었으나 점점 격해져서 상대의 말에 욱한 나머지 교실에 있었던 의자를 집어들어 던지고 말았습니다. 불행하게도 상대는 왼쪽 다리 골절이라는 중상을 입었고, 그 후 저는 이른바 문제아로 취급되어 단기간이지만 시설에 들어간 적도 있습니다. 그 욱하는 버릇을 지금도 고치지 못하고 있습니다. 부모님께 심하게 잔소리를 들으면 못 참고 욱해서 집의 벽이나 방문을 쳐서 부수기도 합니다. 교토 애니메이션 방화 사건(2019년에 40대 남자가 애니메이션 회사를 방화한 사건-옮긴이)이 도저히 남의 일처럼 느껴지지 않습니다.

제가 40이 넘었고 두문불출하는 것은 동네에서도 유명합니다. 사건 보도를 보고 동네에서는 제가 언젠가 사건을 일으키지 않을까 하고, 모여서 웅성거리는 모양입니다. 이웃들의 걱정도 이해 안 되는 것은 아니지만, 그런 우려를 자기들끼리 수군거린다고 생각하면 또 순간적으로 욱하게 되고 맙니다.

어떻게 하면 제 감정을 컨트롤할 수 있게 될까요?

그리고 다른 사람에게 민폐를 끼치지 않고 분노를 배출할 수 있는 좋은 방법이 있으면 부디 가르쳐 주셨으면 합니다.

– 상담자로부터

욱해서 물건이나 사람에게 화풀이를 한다. 그런 경험 하나둘쯤은 누구나 가지고 있을 거라고 생각한다. 화가 났을 때는 자신을 잃어버리게 되지만 그 후에 조금씩 화가 식어서 얼마 안 있어 냉정해진다. 그래서 분노를 컨트롤할 수 없었던 자신을 깨달으면 화를 낸 것을 후회하기 마련이다.

그렇다고 하더라도 분노를 품는 것은 인간의 본능이므로 분노 그 자체를 나쁜 것이라고 생각하거나 또 분노의 감정 자체를 제거할 필요는 없다. 화를 내도 괜찮다. 중요한 것은 그 감정을 컨트롤하는 것이다.

사실 이 사고방식은 근대적인 감정론의 시조인 프랑스 철학자 데카르트Descartes, René 가 주장한 것이다. 데카르트 하면 '나는 생각한다, 고로 나는 존재한다'라는 문구가 널리 알려져 있다. 즉 그는 인간의 사물을 사고하는 능력을 중시하는 철학자다. 그 데카르트가 사실은 근대감정론의 시조로 불리고 있다는 사실은 그다지 알려져 있지 않다.

데카르트의 분노를 능숙하게 컨트롤하는 법

데카르트는 저서 『정념론』에서 감정을 자세하게 고찰하고 있다.

'분노'란 감사의 정반대 감정이라고 데카르트는 우선 지적하고, 분노에 사로잡히기 쉬운 사람, 분노를 컨트롤하지 못하는 사람은 가장 교만하고 가장 정신적으로 약한 사람이라고 말한다.

왜 그럴까? 교만이란 요컨대 자만하는 것이다. 자만이란 '자신을 과대평가하고 자신의 일만 중요시하는 것'이다. 자신을 과대평가하고 중요시하면 당연히 타인으로부터 무언가 피해, 손해를 입었을 때 그것도 과대평가하고 만다. 조그만 일인데도 심하게 버럭 화를 내게 되고 그 피해나 손해를 본 것에 반발로서 분노 역시도 그만큼 크게 확대되고 만다. 그러면 어떻게 이 상태에서 벗어나고 분노를 컨트롤할 수 있을까? 그래서 데카르트는 교만의 반대인 '고매한 상태'가 되는 것이야말로 과잉된 분노를 컨트롤하기 위한 최고의 치료법이라고 일깨워준다.

고매함이란 겸허한 마음이다. 겸허한 사람은 항상 자신을 과대평가하지 않고 오히려 과소평가한다. 그런 까닭에 타인으로부터 피해나 손해를 받은 경우에도 그 피해를 과대시하는 일은 없다. 욱할 때의 나는 주위가 보이지 않고 자신만 생각하게 된다. 상대에 대해 공격적으로 대하는 것도 그것이 하나의 원인이라고 생각할 수 있다. 만일 주위가 보인다면 상대의 입장을 이해하는 마음의 여유가 생기고 사태를 객관적으로 냉정하게 분석할 수 있을 것이다. 마음을 그 상태로 유지해서 항상 주변 사람을 배려하려면 자기 자신에게만 관심이 있는 '교만'한 상태여서는 안 된다. 그 반대로 자기 자신을 과소평가하는 겸허한 상태 '고매'할 필요가 있다.

배출구를 찾아, 분노를 발산하면 일시적으로는 그걸로 기분이 편해질지 모른다. 하지만 욱하게 되는 근본적인 원인을 제거한 것이 아니므로 얼마 안 있어 또 욱하게 되고 만다. 욱할 것 같을 때 한 번 자신이 놓인 상황이나 입장을 재검토해서 최대한 겸허하게 되고자 노력해 보면, 분노를 느끼는 상대에 대해서도 감사할 부분이나 좋게 여겨지는 부분을 하나둘쯤은 반드시 찾을 수 있을 것이다. 그것이 찾아지기만 한다면 분노는 분명 누그러질 것이다.

르네 데카르트(1596~1650년)

프랑스 철학자. 모든 것을 일단 의심해보는 '방법적 회의'의 결과, 아무리 해도 의심할 수 없는 것은 자신의 의식뿐이라고 주장한다. '나는 생각한다, 고로 나는 존재한다'라는 말로 유명하다. 또한 인간의 지식은 태어나면서부터 갖춰진 '생득관념'에 기초한다는 대륙 합리론의 창시자로도 알려져 있다. 저서에 『방법서설』, 『정념론』 등이 있다.

추천도서

고바야시 미치오(小林道夫) 저 『데카르트 입문』

왜 다른 사람을 소중히 해야 하는가?

저는 42살 된 아들과 같이 살고 있습니다.

아들은 대학 졸업 직후 2년 정도 학원 강사로 근무한 뒤로는 일을 하지 않고 집에만 있습니다. 최근, 예전에 가르쳤던 제자를 따라다니는 '스토커 행위'를 했는지 그 부모가 경찰에 피해 신고를 해서 스토커 규제법에 따라 경찰에서 조사를 받았다고 합니다. 집에서도 사소한 일에 격분해서 나와 집사람에게 폭력을 휘두르기도 하고, 갑자기 침울해져서 방에 틀어박혀 며칠씩 나오지 않는 등, 집사람도 저도 어찌할 바를 모르고 있습니다. 아들이 무엇을 생각하는지 저는 이해할 수가 없고 무슨 일을 저지를지 몰라 불안에 떨고 있습니다. 최근에는 우리 아이가 위험인물이 아닌가 하는 생각이 듭니다.

얼마 전, 전 농림수산성 사무차관이 아들을 살해한 사건이 있었는데, 그 사건이 머리에서 떠나지 않습니다. 얼마 안 가서 저도 똑같이 아들에게 위해를 가하거나 죽이지 않을까 두렵습니다.

– 상담자로부터

앞서 말해듯이 '은둔형 외톨이' 자체는 악이 아니라고 생각한다. 하지만 사회에서 격리된 채 오래 생활하면 인간답게 살아가는 온갖 감각이 마비되는 것은 분명하다. 나 자신도 20대 후반을 거의 은둔형 외톨이 상태에서 지냈기 때문에 그러한 상황을 누구보다 잘 안다.

문제는 그런 '감각의 마비'가 어떤 반사회적인 행동으로 나타나고 말 때다. 이 경우처럼 상담자 아들의 행동은 경찰이 출동할 정도로 악화되었다. 어쩌면 아들도 여느 사람처럼 외로움을 느껴 사람이 그리운 나머지 이상 행동을 취한 것은 아닐까 하는 생각도 든다. 타인과 원만하게 소통할 방법을 잃어버린 탓에 이러한 상황까지 일어난 것이라고 생각한다.

과거에 내가 집에서만 있을 때는 방문 판매를 위해 찾아온 남성을 집 안으로 불러들여 같이 기타를 쳤던 기억이 있다. 얼핏 생각해도 분명히 이상한 행동이었지만, 당시는 친구가 지적해 줄 때까지 그것이 이상하다고 생각조차 못했다. 나의 경우는 다행스럽게도 범죄로까지 발전하지 않았지만, 은둔형 외톨이 생활이 장기간 계속되었기 때문에 문제행동을 언제 일으킬지는 시간문제였을지 모르겠다. 그런 문제로 발전하지 않기 위해서는 주위에 있는 사람, 이 경우는 부모가 적극적으로 손을 내밀어야 한다. 참고가 될 만한 것이 프랑스 철학자 레비나스Emmanuel Levinas 의 윤리 개념이다.

'사람은 다른 사람을 존중해야 한다'가 윤리의 기본

레비나스는 인간 누구나 다른 사람에게 무한의 책임을 진다고 말한다. 이른바 우리들은 자신 이외의 다른 사람 모두에게 '빚'이 있다는 것이다. 다른 사람에게 우리가 무엇 하나 나쁜 일을 하지 않았어도 다른 사람을 책임지고 그에게 보답할 필요가 있다. 자신과 다른 사람은 대등한 관계가 아니다. 오히려 다른 사람은 항상 자신에게 있어 우월한 존재다. 인간관계는 이러한 비대칭적 관계에 의해 성립하고 있고 레비나스는 그 관계를 논리라고 부른다. 사람은 자신의 힘만으로 이 세상에 존재할 수 없다. 자신이 지금 여기에 살아가고 있다는 사실만으로도 다른 사람에게 힘입은 바가 많다. 그러므로 인간은 늘 다른 사람에 대해 책임이 있다고 레비나스는 생각했다.

앞부분의 이야기로 돌아가면 상담자에게 있어 아들은 다른 사람에 해당하므로 그 점에서 아들에 대한 책임이 있다. 더구나 자신의 아들이므로 더한층 무거운 책임을 진다고 생각해야 한다. 그 책임을 자각하기에 아들이 범죄를 저지르기 전에 자신이 무언가를 해야 한다고 생각하는 것은 분명 옳은 생각이라고 느껴진다. 하지만 상담자로서는 아들이 문제 행동을 일으켜서 범죄자가 되어 불행해지는 것을 막는 것이 선결이지만, 타인에게 민폐를 끼치기 전에 아들을 죽이는 것은 아니라고 생각한다. 그것은 문제로부터 눈을 돌리는 것과 마찬가지 행위이다. 레비나스는 다른 사람과 마주하기 위해서는 그 얼굴을 보도록 설득한다. 인간의 얼굴은 한 사람 한 사람 다르고 동시에 개성을 나타내며 또 기쁨이나 슬픔을 포함한 갖가지 감정을 호소하기도 한다. 얼굴을 마주하면 상대를 죽여야겠다는 생각 따위는 하지 않게 된다.

상담자도 아들의 얼굴, 그리고 마음의 절규에 다시금 마주 대하기 바란다. 다른 사람에게 민폐를 끼치지 않기 위해 다른 사람인 아들을 죽이는 일은 윤리가 아니다. 또 육친으로서 무엇보다 아들의 행복을 바라는 것이야말로 부모의 책임이 아니겠는가?

Philosoper

에마뉘엘 레비나스(1906~1995년)

리투아니아 출신의 유대계 철학자. 망명처인 프랑스에서 활약했다. 나치스에 잡힌 경험에서 다른 사람의 손재를 존중하는 것, 특히 한 사람 한 사람 다른 사람의 '얼굴'에 주목하여 타인에 대한 비대칭적 관계=윤리를 주장하였다. 저서에 『전체성과 무한』, 『실존에서 실존자로』 등이 있다.

추천도서

구마노 스미히코(熊野純彦) 저 『레비나스 입문』

왜 인간은 불만을 느끼는가?

···

제가 젊었을 때는 아이가 아프다는 이유로 회사를 쉬는 일은 도저히 허락되지 않았습니다. 정말로 아이가 아파서 꼭 쉬어야 할 때는 자신이 아픈 것처럼 말해서 겨우 휴가를 얻었습니다. 시대가 바뀌어 지금은 육아 문제에 직장이 대단히 관용적인 듯합니다. 그것 자체는 매우 좋은 일이라고 생각하지만, 지금 그들에 비해서 우리 세대는 손해라는 생각에 억울할 때가 있습니다. 후배들이 아이나 자신의 병을 이유로 당당히 일을 쉬는 것을 보면 부럽다는 생각을 넘어서 문득 분노를 느끼게 됩니다.

– 상담자로부터

내가 처음 취직한 곳은 종합상사였다. 당시는 각종 체육대회가 많아서, 중요한 행사가 있을 때 몸 컨디션이 나쁘다고 말하면 선배는 '기어서라도 회사에 와라'라고 단호했다. 그러나 최근 같은 회사의 젊은 사원들과 이야기할 기회가 있었는데, 내가 재직할 당시와 분위기가 전혀 다른 듯해서 엄청난 변화에 놀랐다. 근로 방식 개혁의 영향으로 누구나 자유롭게 휴가를 받을 수 있게 되었다고 한다.

상담자는 '젊은 세대와 비교해서 자신의 세대는 손해다'라고 느끼는 듯한데, 인간이기 때문에 때로는 질투할 수도 있다. 하지만 정말로 젊은 세대가 더 이득일까? 상담자 세대는 정말로 손해인 걸까?

'분수를 아는' 노자의 철학

인생에는 좋은 일도 나쁜 일도 있기 마련인데, 인간은 때때로 나쁜 일만 떠올리기 쉽다. 여기에 참고가 될 만한 내용이 노자(老子)의 '분수를 안다'라는 사상이다. 자주 오해를 사게 되는데, 이것은 결코 만족의 수위를 낮추어 참는다든가, 타협한다든가 하는 의미가 아니다. '흡족한 것, 만족'에 초점을 두는 것이다.

지금 자신의 부족한 부분, 타인과 비교해서 뒤떨어지는 부분에 초점을 맞추면 사람은 부질없이 조바심을 내기 마련이다. 그 결과 바라는 바가 이루어지지 않아 질투를 하기도 불행해지기도 한다. 그러나 이미 자신에게 있는 것에 초점을 두면 불만이 없어지고 행복해진다. 이것은 노자 사상의 핵심이기도 하다. 아무것도 하지 않고 자연에 몸을 맡기는 것이 의외로 일이 잘 풀린다는 무위자연의 사상이야말로 진면목이다.

'분수를 안다'는 그런 무위자연의 사상에서 귀결하는 사고방식이다.

이 진리는 상담자의 과거만이 아니라 지금 상황에도 타당하다. 자신의 세대의 처우에는 자칫 불만을 품기 쉬운데, 발상을 바꿔보길 권한다.

젊은 세대와 비교하면 불만으로 느낄 수 있을지 모르지만 더 옛날과 비교하면 상담자의 세대 또한 혜택 받았다고 생각할 수 있다. 보는 눈과 사고방식을 바꾸는 것만으로도 자신에게는 채워진 것이 많다는 것을 깨닫게 될 것이다. 자신이 상당히 혜택을 받고 있다고 깨달으면 선배 세대 또한 당신을 질투한 것 또한 혹여 깨닫게 될지 모른다.

| 분수를 안다 |

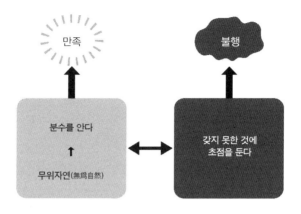

Philosoper

노자(생몰년 미상)

중국 춘추전국시대 사상가. 도가의 시조. 유가의 라이벌로서 아무것도 하지 않는 것이 좋다는 무위자연설을 설파했다.

추천도서

노자 저 『노자』

때로는 도망가는 것도 지혜일까?

....

저의 상사가 조기 퇴직 대상자가 되었습니다. 자진해서 퇴직했다기보다 인사팀으로부터 퇴직 권고를 받아서 퇴직한 것이므로 이른바 '명예퇴직'에 해당하는 셈입니다. 저는 조기 퇴직을 종용받을 만한 나이는 아니지만, 오랫동안 회사에 공헌해온 상사가 수차례 회사 관리자에게 불려가서 퇴직을 종용받은 일을 생각하면 이 회사에 오래 근무한다고 해도 언젠가는 나도 똑같은 일을 당할 거라는 생각을 피할 수 없습니다. 지금 회사에서 계속 일하는 게 불안하지만, 바로 전직할 곳을 찾을 자신도 없고, 그래서 지금은 이전과 마찬가지로 행동하고 있습니다.

회사는 어디까지나 이번 조기 퇴직 제도는 이번에 한해서만 이루어진 시책이므로 실적이 안정되면 철회하겠다고 설명합니다. 그러나 회사의 설명을 액면 그대로 믿을 수는 없습니다. 그리고 불안을 떠안은 채 계속 지금 직장에 머무는 것은 어렵다고 생각합니다. 과감히 회사를 옮기는 게 좋을까요?

– 상담자로부터

조기 퇴직을 권고받는 중장년 직장인이 늘고 있다. 자산이 있어 노년에 대한 걱정이 없는 사람이나 다음 일을 이전부터 찾고 있었던 사람을 제외하고는 갑자기 퇴직으로 내몰리면 누구나 곤란할 것이다. 대부분의 사람은 다소 대우가 나빠진다고 해도 그대로 계속 일할 수밖에 없는 경우가 많을 거라고 생각한다. 회사에서의 장래가 걱정되지만 당분간은 현상 유지 전략을 취하는 것이 가장 바람직하다. 상담자도 우선은 현상 유지를 최우선으로 생각하고 있을 거라고 생각한다. 당분간은 현상을 유지하며 계속 근무한다고 해도 장래를 생각하면 미리 회사를 옮기는 것이 좋을 것같이 여겨질 수 있지만, 과연 그것이 정말로 좋은 것일까? 생활이 걸려 있기 때문에 상당히 어려운 문제인데, 무엇에 근거해서 판단하면 좋을지를 알면 생각하기 쉬워진다.

'지나친 걱정'은 생산성을 떨어뜨린다

그래서 참고로 삼고자 하는 것이 프랑스 철학자 파스칼Pascal, Blaise 의 저서 『팡세』에서 기술하고 있는 다음의 글귀이다.

'우리들은 절벽이 보이지 않게 무언가로 앞을 가린 다음 안심하고 절벽을 향해 달려간다.'

이것은 인간의 어리석음을 비꼬는 듯이 들리기도 하지만, 결코 그것만이 아니다. 인간은 불안에서 도망가기 위해 현실에 존재하는 위협과 문제에서 눈을 돌리는 것처럼 보이는 때가 있다. 그러나 그것은 살아가기 위한 지혜이기도 하다. 왜냐하면 불안에서 눈을 피하려고 하는 인간의 행동에는 적극적인 의미도 있기 때문이다.

앞부분의 질문에 있었던 명예퇴직 문제처럼 나를 불안하게 만드는 문제를 해결할 수 있는 방법을 알고 있다면 누구라도 그 방법을 시도할 것이다. 다만 현실에는 해결이 간단하지 않은 문제, 해결할 수 없는 문제가 많이 있다. 앞부분의 명예퇴직의 경우도 한 직원의 입장에서 해결할 수 있는 문제가 아니다. 그렇다면 문제에 직면한 경우 그 문제를 직시해도 미래를 바꿀 수는 없다. 문제를 해결할 수 없기 때문이다. 그런데도 철저하게 문제를 직시해서 살아가는 것이 정말로 옳을까? 반드시 그렇다고는 할 수 없다. 인간은 계속 살아나가야 하기 때문이다. 해결이 불가능한 문제를 직시해서 불안만 키우고 다른 문제까지 영향을 끼치는 것보다는 일단 그런 문제를 덮어놓고 계속 달려 나가는 것이 결과적으로 좋은 때도 있다. 무엇보다 근심거리는 미래의 일이므로 그렇게 자주 실제로 일어나는 게 아니다. 걱정한 결과 기우로 끝났다거나 도중에 사정이 달라지는 경우는 얼마든지 있다. 그렇다면 지금 할 수 있는 일, 지금 해야 할 일을 차분하게 묵묵히 하는 것이 불안에 휩싸이지 않는 만큼 좋은 결과로 이어지지 않을까? 상담자의 경우 아직 젊기 때문에 명예퇴직 대상이 된다고 해도 당분간은 먼 이야기라고 생각된다. 그렇다면 일단 그 불안에는 '벽을 치고' 보이지 않도록 하고 눈앞의 일에 집중해보는 것이 어떨까? 그러기로 정했으면 나머지는 계속 달리는 것이다.

Philosoper

블레이즈 파스칼(1623~1662년)

프랑스 철학자, 과학자. 인간의 삶을 에세이 형식으로 표현한 모럴리스트(도덕을 다루는 문필가-옮긴이)의 대표적 사상가. '인간은 생각하는 갈대다'라는 말이 유명하다.

진정 행복한 생활이란 무엇인가?

재택근무로 계속 집에 있에 있어서 그런지 매일 똑같은 생활의 연속이어서

진력이 납니다.

집에 있는 시간을 이용해서 공부를 하거나 악기를 시작하는 사람도 있는 것

같지만 저는 돈의 여유가 없어서 무리입니다.

그래서 외출할 기회도 줄일 수밖에 없어 매일이 따분합니다.

이런 상황에 체념할 수밖에 없을까요?

― 상담자로부터

　자극이 없는 날들이 계속 이어지면 무료할 수밖에 없다. 자신이 건강
할수록 마음은 자극을 원하는데도 그것을 실현할 수 없어서 욕구 불만을
품게 되는 것이 지금의 상황인 듯하다. 그러나 곰곰이 생각해보면 코로
나가 만연하는 가운데서도 건강하게 지내는 일은 훌륭한 일이 아닌가?
　우리들은 자칫 평범한 일상의 좋은 점을 잊기 쉽다. 미국 철학자 에릭

호퍼Eric Hoffer는 좋은 것, 나쁜 것도 포함해서 전혀 아무것도 일어나지 않는 생활은 매우 운이 좋은 것이라고 말했다.

고생이 많았던 에릭 호퍼의 행복론

그는 어느 날 갑자기 팔의 통증을 느꼈고 그때 이 사실을 깨달았다고 한다. 병이 나거나 다치면 그때야 비로소 평범하지만 건강한 일상을 감사하게 생각하게 된다. 하지만 약간 팔이 아픈 정도를 가지고 여기까지 통찰하는 것은 보통은 없는 일이다. 그래서 우리들은 매일 따분하다며 그 고마움을 모르고 그저 푸념을 늘어놓고 만다. 그러나 호퍼는 고생을 많이 겪은 사람이었기에 자그마한 일에 평범한 생활의 고마움을 떠올릴 수 있었을 것이라 생각한다. 그는 7살에 실명을 겪었고, 18살에 천애 고아가 되었으며, 28살에 자살 미수가 있었고, 그 후 일용직 노동자로 떠돌이 생활을 하며 독학으로 위대한 철학자가 된 인물이다. 그러므로 평범한 날의 고마움에 민감했을 것이다. 그는 이렇게 말했다.

"1일 2회의 맛있는 식사, 담배, 흥미를 끄는 책, 조금씩 글을 쓰는 매일. 이것이 내 생활의 전부이다."

인생은 언제 무슨 일이 일어날지 알 수 없다. 호퍼만큼은 아니라고 해도 언제 어느 때 불행이 닥칠지 모르는 일이다. 그렇게 생각하면 자극이 없는 날들도 행복하게 느낄 수 있지 않을까. 중요한 것은 범사에 고마움을 깨닫는 계기라고 생각한다. 그 계기가 될 만한 일종의 의식을, 매일의 생활에 도입해 보는 것은 어떻겠는가? 예를 들면 누구나 힘든 시기가 있기 마련이니 그때의 사진을 매일 본다거나 반대로 지금부터 직면할지 모르는 힘든 상황을 상상해보거나 그런 묘안을 짜보면 평범한 생활의 고마움을 깨닫는 '계기'를 만들 수 있을 것이다. 이것은 정작 자신에게 불행이 닥쳤을 때 마음의 준비도 된다고 생각한다.

Philosopher

에릭 호퍼(1902~1983년)

미국 철학자. 독학으로 철학을 공부했다. 항만 노동자로 일하면서 사색을 했다고 해서 부두 노동자 철학자로도 불리었다. 저서에 『부두에서 생각하고 일하며』 등이 있다.

평생 행복할 수 있는 방법은 있는가?

저는 자기긍정감이 낮은 타입입니다.

무엇을 해도 어차피 나는 안 된다고 무의식중에 생각하고 맙니다.

실제로 지금까지 인생에서 성공 체험이라고 할 수 있는 것이 별로 없습니다.

인생이 싫어집니다. 나의 무엇이 잘못된 것일까요?

– 상담자로부터

무슨 일이든 잘 안 풀린다고 느끼고 있는 듯한데, 실제로 무엇이 나쁜 걸까? 자신에게 능력이 없는 탓인지 아니면 환경이 나쁜 탓인지. 그것마저 확실히 알 수 없는 경우도 있을지 모른다. 잘 안 되는 상태가 계속 이어지면 인생이 불행하다는 느낌이 들기도 한다. 하지만 해결 방법은 있다.

이럴 때 참고로 할 만한 것이 헝가리 출신의 사상가 미하이 칙센트미하이Mihaly Csikszentmihalyi의 '몰입 체험'이라는 사고방식이다. 그는 전쟁에서 가족을 잃었다. 그 일을 겪은 후 행복한 인생을 보내기 위해서는 어떻게 하면 좋을지를 끊임없이 생각했다. 그 결과 그는 사람이 행복을 느끼는 조건을 찾아냈다.

자기긍정감을 높이는 '몰입 체험'

간단하게 행복한 인생을 보내기 위한 조건이란 '자기긍정감을 계속 가질 수 있는 상태를 유지하는 것'이다. 자기긍정감을 갖기 위해서는 도전과 능력의 균형을 이룬 상태를 유지해야 한다. 누구나 어려운 일과 새로운 어떤 것에 도전하고 싶어 하는데, 그것은 인생을 개척하는 포석이 될 수 있다. 그러나 지금 자신에게 있는 능력보다 너무 어려운 도전을 하려고 하면 좌절할 수밖에 없다. 그 결과 자신은 안 된다고 생각해서 자기긍정감을 얻지 못하게 되고 만다. 따라서 자신이 절대적으로 할 수 있는 것과 할 수 없는 것의 경계선을 항상 명확히 가려야 한다. 자신의 능력으로 할 수 있는 최대치를 목표로 삼으면 사람은 늘 달성감과 자기긍정감을 얻을 수 있으므로 계속 행복하게 지낼 수 있다. 열심히 하면 할 수 있는 과제를 직면할 때 사람은 몰입할 수 있다. 그 행위에 전심을 기울이면 쓸데없는 데에 신경 쓰지 않게 되고 오히려 노력의 과정을 즐길 수도 있다. 이러한 상태야말로 칙센트미하이가 말하는 '몰입 체험', 또는 '최적 경험'에 해당된다. 분명 자신의 능력에 맞는 과제에 힘쓰는 사람은 사명감을 불태우는 듯이 보인다. 그럴 때에는 좀 실패가 있어도 풀이 죽지 않는다. 아무리 해도 뛰어넘을 수 없는 과제에 직면했을 때의 좌절감과 약간 긍정적인 실패를 겪는 일은 180도 다른 체험이라고 할 수 있다. 후자일 때는 행복을 유지할 수 있다.

상담자가 자기긍정감을 얻을 수 없는 것은 혹시 항상 자신에게 부여된 도전이 너무 어려운 것이었는지 모른다. 도전과 능력의 균형을 한번 재검토해 보는 것은 어떨까? 사람은 자칫하면 높은 목표를 설정하기 쉬운데, 그것이 꼭 좋은 것만은 아니다.

Philosoper

미하이 칙센미하이(1934년~)

헝가리 출신의 미국 심리학자. 행복에 관해 연구하고 있다. 몰입의 개념을 제창한 것으로 알려졌다. 저서에 『창의성의 즐거움』 등이 있다.

추천도서

미하이 칙센트미하이 저 『몰입 체험 입문』

제4장

결과를 내는
'돈의 철학'

왜 의사소통이 힘든가?

·······································

상사와 의사소통이 잘 이루어지지 않아 고민하고 있습니다.

업무 지시를 명확하게 전달해 주지 않으므로 저는 추측으로 생각해서 행동할

수밖에 없는데, 그의 의도와 다른 경우가 많아 그럴 때는 트러블로 번지기 쉽

습니다. 도대체 어떻게 하면 좋을까요?

– 상담자로부터

'직책이 높은 사람일수록 그 말뜻을 파악하기 힘들다'라고 하는 경우
는 꽤 있다. '하나를 들으면 열을 안다'처럼 우수한 사람은 '하나'만 말해
주고 일을 끝낸다. 상사는 이걸로 이해할 수 있을 거라고 생각하지만 듣
는 입장에서는 몇 마디를 가지고 상대방이 말하지 않은 부분을 추측해야
한다. 너무 되묻는 것도 좋지 않다고 은연중에 생각하고 마는 소심한 성
격도 화를 초래하는 이유인 탓에 비즈니스 현장에서는 자칫하면 이런 분
쟁이 빈발한다.

말이라는 것이 복잡하여 같은 말이라도 문맥에 따라 의미가 달라지
기 마련이다. 그런 점을 명확하게 지적한 이는 철학자 중에서 비트겐슈
타인Ludwig Josef Johann Wittgenstein 이 처음이었다.

그러므로 그는 훗날 언어철학에 큰 영향을 끼쳤다.

말은 '살아 있다'

말에 관해서 비트겐슈타인이 제기한 것은 '언어 게임'이라는 개념이었다. 즉 언어는 그것 단독으로는 의미가 확정되지 않아, 우리들은 일상적으로 게임과 같이 주고받는 가운데 그 의미를 확정해 나간다. 따라서 언어 게임이란 '생활 형식'이라고 할 수 있다. 그것은 비트겐슈타인이 다음과 같이 말하고 있는 것을 보면 명백하다.

"여기에서 '언어 게임'이라는 용어를 사용한 것은 말을 하는 것이 하나의 활동이나 생활 형식의 일부임을 분명히 하기 위해서이다."

'언어 게임'이 '생활 형식'인 이상 말의 의미를 이해하기 위해서는 생활 그 자체를 문맥으로 삼아 바르게 읽어야 한다. 구체적으로는 그 말이 오가는 상황을 잘 관찰할 필요가 있다. 과일 가게에서 '사과 5개!'라고만 해도 정확하게 사과를 5개 구입하겠다는 의도가 전해지는 것은 과일 가게라는 상황이 있기 때문이다. 말은 소리만 들으면 혹은 문자 배열만 보면 이해할 수 있다고 생각하기 쉽지만 오히려 그것이 사용되는 상황, 현장의 관찰이야말로 중요하다. 말의 소통이 서툰 사람에게는 이런 점이야말로 성가시다고 느낄지 모른다. 하지만 말이란 상황에 따라 의미가 변하는 '살아 있는 것'이므로 이 점을 소홀히 하면 다른 의미로 해석될 수 있고, 트러블로 이어진다.

상담자도 상사의 말을 정확하게 이해하기 위해서는 그 사람이 평소에 어떤 식으로 그 말들을 사용하는지 자주 관찰해볼 것을 권한다.

루트비히 비트겐슈타인(1889~1951년)

오스트리아 출신 철학자. 철학은 말의 분석에 지나지 않는다는 전기 사상과 오히려 말의 의미는 문맥에 의해 확정된다는 후기 사상으로 나눠진다. 저서에『철학 탐구』등이 있다.

추천도서

오타니 히로시(大谷弘) 저『비트겐슈타인 명확화의 철학』

'스마트 테크'의 두려움을 극복하는 방법은 있는가?

저는 컴퓨터나 스마트폰 등을 잘 다루지 못해 고민하고 있습니다. 이런 것도 못하냐 하는 말을 직원들로부터 들을 것 같아서 사내에서 다른 사람들에게 물어보는 것도 주저하고 있는 상태입니다.

지금은 비서가 몰래 도와주고 있지만, 그것을 언제까지고 계속하고 있을 수도 없고 매우 난처합니다.

어떻게 하면 좋을까요?

– 상담자로부터

청소년기부터 스마트폰이나 컴퓨터가 주변에 늘 있는 디지털 네이티브 세대와는 달리, 시니어 세대에게는 아직 디지털 기기의 장벽이 높은 듯하다. 기술의 진보는 매일, 매월 빠르게 변화하므로 따라가기가 분명 힘든 시대이다.

그러나 현실적인 문제를 들여다보면 코로나 영향도 있어서 사무실에서는 DX(디지털 트랜스포메이션)라는 크나큰 흐름이 일고 있기 때문에, 이젠 그것들을 다루지 못한다고 해서 그냥 넘어갈 일이 아니게 되었다.

그럼 지금 디지털이 안 맞는 사람은 어떻게 하면 좋을까?

한 가지 방법은 사회인 대상의 디지털 교육 등 초보자도 배울 수 있는 기회를 활용해 필사적으로 공부하면 IT 진화를 따라잡을 수 있는 선택지가 있을 거라고 생각한다.

예를 들면 환갑 전후 연령이어도 기본적인 것 정도는 공부를 시작해도 늦지 않다. 다만 지금부터 전문적인 수준의 지식까지 익히는 것은 필시 힘든 연령일 것이다.

반대로 또 하나의 다른 방법도 있다. 차라리 IT와는 정반대인 작업 방식으로 자신의 업무를 철저하게 해보는 것은 어떻겠는가?

참고가 되는 것은 레비 스트로스Claude Levi Strauss 의 『야생의 사고』라는 책이다.

레비 스트로스의 『야생의 사고』

레비 스트로스는 20세기 프랑스에서 활약한 문화인류학자로, 남미 등의 오지에 사는 부족을 필드워크 방식으로 조사하여 그 자료와 정보를 바탕으로 사상을 전개했다.

그러한 레비 스트로스는 이른바 '미개인'의 사고법에 주목했다. 그들의 사고법을 '야생의 사고'라고 이름 붙이고 그 사고법이 겉보기 이상으로 강하고 서양 사고법에는 없는 이점이 넘쳐난다는 점을 발견했다.

'미개인'이라 불리는 부족 사람들은 서양인보다 거칠고 촌스럽고 단순한 사고만 하는 것이 아니라 사고의 방법과 발상의 방식이 다를 뿐이라는 것이다. 예를 들면 동식물의 분류에 관해서 근대과학을 알고 있는 우리들은 (유전자의 차이 등) 생물의 구조나 기능, 지닌 성질 등 요컨대 '평가', '의미' 등의 '알맹이'의 차이를 기준으로 분류한다. 이에 비해서 미개인은 주로 '외견'의 차이로 분류하고 있어, 레비 스트로스는 이것을 '토템적 분류'라고 불렀다. 이것은 어디까지나 기본적인 발상의 차이이고, 어느 쪽이 앞선다거나 뒤처진다거나 하는 이야기가 아니다.

근대과학의 큰 특징은 언어적 또는 수학적인 논리에 의해 구축되고 있다는 점을 들 수 있는데, 그런 의미에서 근대과학이란 개념적이면서 이성적이라고 할 수 있다. 그렇다면 미개인들의 '야생의 사고'는 근대과학과는 달리 외견에 주목하거나 '봐서 안다'라는 요소를 중시하고 있을 뿐이므로 그런 의미에서 기호적 및 감성적인 사고방식이다.

두 가지 사고방식은 어느 쪽이 더 발달했는가 하는 점으로는 차이가 없다. 어디까지나 사고의 뼈대, 구조가 다를 뿐이다.

그러면 상담자는 IT가 서툴다고 했지만, 반드시 서툰 IT로 맞붙을 필요는 없다고 생각한다. IT가 개념적이고 이성적인 도구라고 한다면 업무 내용 중에는 기호적이고 감성적인 업무도 많이 있다. IT를 사용하지 않는 대신에 그런 기호적, 감성적인 업무 방식을 추구하는 것은 어떨까?

컴퓨터나 스마트폰을 사용하지 않고 차라리 도화지에 손으로 써서 그린 자료를 사용한다거나 파워포인트를 낭독하는 것이 아니라 그 자리에서 즉흥적으로 잘 설명해나가는 등 방법에 따라서는 오히려 깊은 인상을 심어줄 수 있다고 생각한다. 물론 컴퓨터를 사용해야 하는 경우도 많이 있을 것이므로 최소한의 작업은 할 수 있도록 해두는 것이 좋다. 하지만 그 부분은 누군가 할 수 있는 사람을 찾아서 그 사람에게 맡기는 것도 어떤 의미에서 '야생의 사고'적인 좋은 방법일 수 있다.

사실은 이 '방법을 달리하면 잘 할 수 있다', '생각을 해서 보다 좋은 방법을 찾아낸다'라고 하는 작업 방식을 레비 스트로스는 '브리콜라주'라고 불렀다. '브리콜라주'란 '임기응변적인 작업'으로 번역되기도 하는데, 그때그때 있는 재료를 사용하여 필요한 물건을 만들어내는 일이다. 돈이나 기술, 인원이 없어도 가령 그 상황에서 임시방편이더라도 그럭저럭 과제를 해결할 수 있는 방식이다.

가장 중요한 것은 일에 있어서 '성과'를 내놓을 수 있어야 한다는 것이다. 꼭 스마트한 방법이 아니더라도 '성과'가 나타나면 되지 않을까? 차라리 보다 야성적으로 대처해 나가보자.

Philosoper

클로드 레비 스트로스(1908~2009년)

프랑스 문화인류학자. 미개사회를 구조적으로 봄으로써 그 안에서 고도의 문명을 발견했다. 이에 사물을 구조 안에서 파악해야 한다는 구조주의를 주창하여 서양 근대의 우위성을 뒤엎는 데에 성공했다. 저서에 『슬픈 열대』, 『야생의 사고』 등이 있다.

추천도서

오다 마코토(小田亮) 저 『레비 스트로스 입문』

'공부가 인생을 바꾸는 데 도움이 안 된다'는 것이 사실인가?
....

변화가 심한 현대사회에서 살아남기 위해서는 스킬업이 필요하다는 소릴 자주 듣게 됩니다. 지금까지 저도 영어 회화나 각종 자격시험 공부에 도전해 봤지만, 모두 중도에서 좌절했습니다. 처음에는 의욕적으로 공부하지만, 항상 도중에 노력한들 아무것도 변하지 않는데 왜 이런 걸 할까 하는 기분이 들고 맙니다. 도중에 포기하는 습관이 있는 것은 저 스스로도 못마땅하게 생각합니다. 어떤 것이라도 포기하지 않고 끝까지 해내기 위한 방법이 있을까요?

– 상담자로부터

스킬업을 위한 공부는 오래 계속하기 힘든 법이다. 처음에는 의욕이 충만하지만 머지않아 팽개칠 핑계를 찾기 시작하는 것이 보통이다. 그럴 때 '변명' 중에서 자신에게 가장 설득력이 있는 것이 '노력은 부질없다'이다. 그래서 참고가 되는 것은 '프래그머티즘(Pragmatism, 실용주의)'이다. 특히 존 듀이John Dewey의 개념이 도움이 된다.

프래그머티즘이란 그리스어로 '행동, 실천'을 의미하는 '프래그마 pragma'라는 말에서 유래한 사상으로 주로 미국에서 발전해 왔다. 대개 '프래그머티즘'으로 통용되지만 굳이 번역하자면 '실용주의'이다. 알기 쉽게 표현하자면 '결과가 좋으면 방법도 옳았다'라고 생각하는 사상이다. 그것만 들어도 과연 미국적인 발상으로 느껴지지 않는가? 미개발 대륙을 개척해서 발전한 미국에서 추상적인 원리원칙의 강론보다 결과야말로 중요했을지 모른다.

애플 창업자 고(故) 스티브 잡스Steven Paul Jobs는 프래그머티즘의 구현자처럼 일컬어지는데, 거기에는 분명 그런 미국의 역사와 관련되었다고 생각한다. 스티브 잡스도 무에서 시행착오 끝에 Mac과 iPhone 등의 발명품을 만들어낸 것이기 때문이다.

어디선가 반드시 도움이 되는 것이 지혜

그런 실천적 사상인 프래그머티즘을 완성시킨 인물이 '듀이'다.

듀이는 일상을 윤택하게 하는 것이 철학의 목적이라고 보았다. 사상이나 지식은 그것 자체에 목적이나 가치가 있는 것이 아니라 인간이 환경에 순응해가기 위한 수단이며, 인간의 행동에 도움이 되는 도구로서 그것들을 인식했다. 이 사상을 도구주의라고 부른다.

그럼 상담자가 스킬업을 위한 공부가 쓸데없는 느낌이 들어 도중에 포기하고 마는 것은 혹시 그 공부에서 얻은 지식을 단순히 그냥 지식이라고 간주하기 때문일지 모른다. 즉, 마음 한구석에 지적 호기심을 채워 주기는 하지만 일에 도움이 되지 않는 지식이라고 생각하는 것은 아닐까? 그렇게 생각하기보다 오히려 어떤 지식이라도 어떤 형태로든 반드시 일에 도움이 되는 '도구'라고 받아들이는 것은 어떨까? 전혀 아무 도움도 안 되는 지식 따위는 아마 없을 것이다. 얼핏 그렇게 생각될 듯한 지식이라도 도움이 되는 경우가 반드시 있다. 산수나 역사 역시도 도움이 될 때가 반드시 있으므로 아이들에게 가르치는 것이다. 분명히 어린 시절에 산수나 역사 공부를 할 때는 이런 공부를 해서 도대체 무슨 도움이 될까 하고 생각한다. 하지만 어른이 되면 대부분의 사람은 산수나 역사를 어릴 때 공부해둬서 다행이라고 느낀다.

스킬업을 위한 공부도 똑같이 적용되지 않을까? 그 공부를 하고 있을 때는 이것이 무슨 도움이 될까 감이 안 오지만 나중에 반드시 공부해둬서 다행이라고 느낄 순간이 올 것이다. 그러므로 스킬업 공부를 계속하기 위해서는 그런 시각이 갖춰져 있어야 한다. 그렇게 지식이 도구임을 이해하면 끝까지 해내는 것만이 목표가 아니게 된다. 매일의 지식 습득이 바로 목적이 된다. 그렇게 생각하고 공부를 하게 되면 결과적으로 끝까지 해낼 수 있을 것이다.

Philosoper

존 듀이(1859~1952년)

미국 철학자. 프래그머티즘의 입장에서 도구주의를 주창했다. 그 도구주의
에 기초한 문제 해결형 교육론으로도 유명하다. 저서에『학교와 사회』,『철
학의 개조』등이 있다.

추천도서

이토 쿠니타케(伊藤邦武) 저『프래그머티즘 입문』

신뢰는 돈으로 살 수 있는가?

어느 회사에나 있는 일이지만 출장을 가면 돌아올 때 동료에게 줄 선물을 사
서 오게 됩니다. 이 선물의 관례가 때론 고통이기도 합니다.

사온 선물이 너무 싸구려 같다거나 맛이 없다거나 센스가 없다거나 하는 지
적을 받으면 납득하기가 힘들고 화가 납니다. 선물을 받는 입장이면 염치없
는 말은 삼가야 한다고 생각합니다. 원래 출장을 가는 것은 회사의 명령이므
로 좋아서 가는 여행이 아닙니다. 게다가 떠나기 전에 출장 선물을 받은 것도
아니고, 선물 값은 전적으로 사비를 털어야 하는 것도 화가 납니다.

경비 절감으로 현지 일이 끝나면 당일치기 출장도 많으므로 선물을 고를 시

간 자체도 없을 경우가 허다합니다. 하지만 선물을 사지 않고 회사로 돌아오면 동료로부터 핀잔을 듣게 되어 자칫 나의 인사평가에 영향을 줄 듯하여 결국 가능한 한 구입해서 옵니다. 적어도 이런 선물을 사서 오는지 아닌지가 인사평가에 영향을 주진 않았으면 합니다.

어떻게 안 될까요?

– 상담자로부터

귀찮아하지 않고 기념품을 사 오거나, 선물을 보내서 인간관계를 쌓는 타입의 사람도 있다. 이게 돈이 든다고 해도 어떤 의미에서는 가장 손쉬운 인간관계 형성 방법일지 모른다. 다만 손쉬운 만큼 그로 인해 깊은 신뢰 관계를 쌓을 수 있는 것은 아니다. 사람 사이에 신뢰를 쌓는 것은 그렇게 간단한 일이 아니다.

일본 철학자 와츠지 테츠로(和辻哲郎)는 신뢰란 단순히 다른 사람과의 관계가 아니라 시간과의 관계라고 말한다. 즉 신뢰란 지금부터 앞으로 찾아올 미래의 인간관계인 동시에 그것은 미래와 연결된 과거의 관계이기도 하다. 사람 사이에 서로 신뢰하고 있다는 것은 현시점의 인간관계에만 기인한 것이 아니라 과거 서로 간에 어떤 일이 있었는지 또 서로의 관계가 앞으로 어떻게 되어갈지 등을 바탕으로 성립하는 것이다.

신뢰 관계에는 시간이 걸린다

그러므로 상대로부터 신뢰를 얻을 수 있을지는 과거에 자신이 어떤 행동을 상대에게 보여줬는가에 달려 있다. 자신의 과거 행동이 신뢰를 얻어 비로소 향후 자신에 대한 신뢰를 얻게 되는 것이므로 단순히 지금 선물을 건넨다고 해서 '좋은 인간관계'를 쌓을 수 있는 것은 아니다. '그때 도와줬었지'라든가, '전에도 열심히 했었지'라는 과거의 노력이 상대로부터 신뢰의 원천이 되는 것이다.

와츠지는 그의 책 『풍토』에서 '풍토와 기질의 관계'에 대한 이야기를 하고 있다. 풍토로 본 일본 및 일본인의 본성에는 지진이나 태풍 등 혹독한 자연을 견뎌온 강한 인내력(참을성)이 있다고 와츠지는 말한다.

선물 등의 선사품이 남에게서 신뢰를 얻기 위한 중요한 수단인 나라도 있겠지만 적어도 일본에서는 참을성이 강하고, 팔로우십이 좋은 것이 강한 신뢰를 얻기 위한 조건이라고 생각된다. 지금 사무실에서 동료의 신뢰를 얻기 위해서는 업무상 정보를 꼼꼼히 교환하거나 곤란해하는 동료의 일을 돕거나 하는 평소에도 눈에 보이는 행동이 필요하다. 그런 의미에서는 선물은 불필요하다고 생각한다.

여기서 이야기지만 신뢰 관계가 형성된 동료라면 나는 일부러 선물을 건네지 않는다. 오히려 인간관계가 위태위태한 상대에게 건네는 일이 많다. 물론 선물을 건네는 것은 소통의 계기를 마련할 가능성도 기대해서이지만. 선물을 사 오는지 아닌지보다도 시간을 들여 진정한 신뢰 관계를 쌓아가는 것이 훨씬 더 중요하다. 그렇게 하면 인사평가에서도 신뢰도가 분명 자연히 높아질 것이다.

와츠지 테츠로(1889~1960년)

일본 철학자. 와츠지 윤리학이라 불리는 일본 윤리학의 아버지. 일본 문화
에 대해서도 조예가 깊다. 저서에 『윤리학』, 『풍토』 등이 있다.

추천도서

구마노 스지히코(熊野純彦) 저 『와츠지 테츠로(和辻哲郎)』

뭐든지 돈으로 해결하려고 하면 안 되는 이유는 무엇인가?

세상일은 대부분 돈만 있으면 해결할 수 있습니다. 사실 좋은 대학에 들어가
는 것도 돈에 달려 있고, 좋은 결혼 상대를 찾는 것도 돈에 달린 것 아닌가요?
하지만 뭐든지 돈으로 손에 넣으려는 것은 좋은 게 아니라고 생각합니다.

의료 기술의 발전에 따라 장기 이식이 가능해지고 있는데, 타인의 장기를 돈
으로 산 사람이 살아남고, 사지 못한 사람이나 자신의 장기를 팔아야 하는 가
난한 사람이 여생을 살아가지 못하는 것은 잘못된 일이라고 생각합니다.

부모님이 병에 걸린 일을 계기로 장기기증 등록을 하려고 생각하는데, 문득
나의 장기가 불공평하게 암암리에 매매되지 않을까 하는 생각이 듭니다.

– 상담자로부터

분명 뭐든지 돈으로 살 수 있는 시대가 되어 그중 불법으로 인간의 몸의 일부나 그 사용권을 매매하는 행위도 이루어지고 있다. 지워지는 문신을 했다고는 하지만 인간의 이마에 문신으로 광고를 하는 경우도 있다고 한다. 또 수혈용 혈액을 파는 일도 있다고 들었다. 의료가 더 발전해서 장기이식이 보다 약식으로 실시된다면 전용(轉用) 가능한 신체조직이 공개적으로 매매될 가능성이 없다고는 단언할 수 없다.

이러한 행위는 궁극적으로는 본인의 자유일지 모르지만 그렇다고 해도 위법이 아니면 해도 되는 것일까? 윤리나 정서 면에서 공공연하게 장기 매매가 이루어지는 데에는 저항감을 느끼는 사람이 많을 것이다.

그러면 왜 저항감을 느끼는 걸까?

돈으로 살 수 없는 것들

그런 의문에 명쾌하게 답해 주는 이가 마이클 샌델Michael Joseph Sandel 교수다. 샌델 교수는 하버드 대학의 세계적인 석학으로 과거 한국의 한 종편 방송에 '랜선 강의'로 참여한 적도 있다(방송명: 차이나는 클라스-옮긴이). 그의 책 『정의란 무엇인가』로 '정의 열풍'을 일으켰던 마이클 샌델 교수가 이번엔 '능력주의'를 주제로 특별한 문답을 펼쳤다.

샌델 교수는 그의 책 『돈으로 살 수 없는 것들』에서 돈으로 살 수 있는 것의 한계를 제시하고 시장원리주의에 의문을 제기했다. 혈액을 파는 행위에 관해서도 말하고 있는데, 그러한 행위는 '공정'과 '부패'라는 2가지 관점에서 문제가 있다고 그는 말했다.

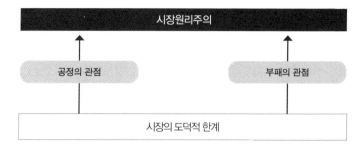

| 공정과 부패의 관점 |

시장원리주의

공정의 관점 ← → 부패의 관점

시장의 도덕적 한계

　　우선 공정의 관점이란 시장의 선택에만 맡기면 불평등이 생겨나는 데에 대한 의문이다. 혈액 매매를 예로 들면 가난한 사람의 혈액을 부자가 살 수 있게 된다면 그것은 가난한 사람을 부자가 '제물'로 삼는 것과 마찬가지라는 점이 문제시되고 있다. 실제로 미국에서는 현금이 필요한 빈민가 사람들이 혈액을 파는 경우가 많고 사회문제가 되고 있다고 한다.

　　다음으로 부패의 관점이란 시장원리주의라는 규범이 약화되거나 사람을 배려하는 자세가 소멸되는 등의 의문이다. 혈액 매매가 당연해지면 타인을 '제물'처럼 취급하는 것이 당연시되어 타인에 대한 배려, 즉 '이타정신'을 잃게 된다는 지적이다. 이러한 공정과 부패라는 2가지 관점에서 시장 거래를 재검토함으로써 시장의 도덕적 한계 즉 '돈으로 사면 안 되는 것'의 존재가 밝혀진다. '돈으로 사면 안 되는 것'을 설정해야 하는 점은 의료 분야에 국한된 이야기가 아니다. 이른바 사회에서 해서는 안 되는 것을 규정하는 규칙의 하나에 '돈으로 사면 안 되는 것'을 판단하는 기준이 요구되는 것이다.

앞으로 세상이 어떻게 변하든 모두 제각기 마음속에 분명한 판단 기준을 가지고 있으면 인간 사회는 그렇게 이상하게 되지는 않을 것이다.

상담자가 지적한 대로 장기기증 방식도 더욱 논의를 거듭해서 사회로서도 개인의 마음의 문제로서도 기준을 설정할 필요가 있을 거 같다.

Philosoper

마이클 샌델(1953년~)

미국 정치철학자. 공동체의 입장에서 공동 선에 기초하는 정치를 제창한다. 저서에 『공공철학』 등이 있다.

추천도서

마이클 샌델 저 『정의란 무엇인가』

'돈'과 '봉사' 어느 쪽을 우선해야 하는가?

저는 전 세계에서 사회공헌 활동을 펼치고 있는 NGO나 지역의 창조적 발전을 모색하기 위한 NPO 법인 등으로 이직하려고 생각합니다.

어차피 직업을 가져야 한다면 세계나 사회를 위해 일하는 쪽이 보람이 있을 거라고 생각하기 때문입니다. 그러나 그런 직장은 급여 등의 조건이 별로 좋지 않은 곳이 많아서 망설이고 있습니다.

– 상담자로부터

남을 돕는 일은 돈이 되는 일이 아니다. 그러므로 학생의 취업 활동에서도, 사회인의 이직에서도 수입을 생각하면 사회공헌 기업에 취업하는 것을 주저하게 된다는 이야기를 자주 듣는데, 과연 정말로 그럴까?

참고가 되는 것은 오스트레일리아 출신의 철학자 피터 싱어Peter Albert David Singer의 '효과적인 이타주의'다. 남을 돕는 일을 하려면 가장 효과적인 방법, 즉 가장 많은 사람을 구하는 방법을 취해야 한다는 사고방식이다. 이것은 '최대 다수의 최대 행복'을 선으로 삼는, 이른바 공리주의에 근거한 사고방식이다.

효과적인 이타주의

예를 들면 NPO 법인이나 자선단체에서 일하는 것보다 금융업계에서 돈을 벌어, 후에 많이 기부하는 것이 더 많은 사람을 돕는 일일지도 모른다. 그렇다면 그렇게 하는 것이 옳은 행동이라는 것이다. 실제로 싱어는 우수한 학생에게 그런 진로를 권하고 있다고 한다.

싱어는 이런 일의 형태를 '기부하기 위해 돈을 번다'라고 표현한다. 기부하기 위해 돈을 버는 사람들은 그 생활에 보람과 긍지를 느끼고 충실한 매일을 보내고 있다는 것이다.

분명 이런 발상을 받아들이면 남을 돕는 일과 돈을 버는 일을 양립시키는 일이 가능하지만 왠지 석연치 않다는 사람도 있을지 모른다.

왜냐하면 이 경우 남을 돕는 일은 간접적인 것 또는 결과이지 직접 남을 돕는 일을 하는 것이 아니기 때문이다. 남을 돕고 있다는 실감을 얻기 힘들 테고 또 세상 사람들에게 자신의 행동이 칭찬받지 못할 가능성도 있다. 그렇게 되면 사람을 돕는 동기가 높지 않은 사람도 많을 거라고 생각한다. 그러나 사람을 돕는 일이란 어디까지나 타인을 돕는 것일 뿐 자신의 이익을 생각해서 하는 것이 아니다. 다른 사람의 칭찬이나 자신의 만족감을 우선시하는 것은 남을 돕는 동기로서 중요하다고 생각하지만, 그것은 본래 목적 그 자체가 아니게 된다. 그렇다면 '간접적으로 남을 돕는 것'에 대해서 보다 적극적으로 생각해 보는 것도 좋지 않을까. 그것은 결코 타협이 아니라고 생각한다. 어떤 조건하에서는 '기부하기 위해 돈을 번다' 쪽이 최선의 방법이 될 수 있다는 점을 상담자 자신이 인식할 필요가 있다. 그러기 위해서는 자신의 행동이 조금이라도 간접적으로 남을 돕는 것이라고 생각할 수 있도록 기부액을 매월 그래프로 만들어서 가시화하거나 기부금으로 실제 구제된 사람이 있다면 메일이나 편지 등으로 그들과 소통해서 간접적인 지원을 실감해 보는 것은 어떨까?

Philosoper

피터 싱어(1946년~)

오스트레일리아 출신 철학자이며 윤리학자. 미국 프린스턴 대학 교수. 공리주의의 입장에서 현대의 여러 문제에 날카로운 지적을 제기해왔다. 저서에 『동물 해방』 등이 있다.

추천도서

피터 싱어 저 『효율적 이타주의』

'자기 책임'은 어디까지 타당한가?

저출산, 고령화에 따라 도움이 필요한 고령자는 늘고 도움을 줘야 할 젊은이는 해마다 줄고 있습니다.

그렇게 되면 당연히 1인당 연금 금액도 줄어들 수밖에 없을 거라고 생각합니다. 일본 금융청이 '노후에 2,000만엔(한화 약 2억원) 필요'라는 보고서를 발표한 일이 화제가 되기도 했지만, 이것은 앞으로 노후 생활에 필요한 자금을 연금으로 충당하는 것은 포기하고 개인 자산을 준비하라는 뜻이라고 생각합니다. 다만 자산을 준비하려고 해도 저는 이미 50대이고, 지금부터 자산을 형성하는 데는 무리가 있습니다. 사회가 '노후에 생활을 꾸려나가는 것은 자기 책임'이라는 방향으로 흘러가는 듯이 느껴집니다. 이제 와서 자기 책임이라고 하니 불공평하지 않은가 하는 생각이 듭니다.

– 상담자로부터

분명 사회보장비는 해마다 계속 늘어나서 저출산, 고령화 속에서 현역 세대의 숫자는 한정되어 있으므로 정년 후에도 계속 일하는 대응책이 요구될 것이다. 이러한 변화를 배경으로 '인생은 기본적으로 자기 책임이다'라는 기조가 있는 듯한 느낌이 든다. 실제로 자유 경쟁을 중시하는 사람들은 그 점을 직접적으로 주장한다.

한편 상호 협력을 중시하는 사람들은 돕고 싶지만 어쩔 도리가 없어 사회보장비 증액에 어떻게 대처해야 할지 해답이 궁한 것이 지금 상태이지 않을까? 그래서 참고가 되는 것이 미국 정치학자 야샤 뭉크Yascha Mounk 의 책임 개념이다.

뭉크에 의하면 지금 우리들은 자기 책임의 시대를 살아가고 있다고 한다. 즉 자유 경쟁을 주장하는 사람들만이 아니라 상호 협력을 중시하는 사람들마저도 성실히 계속해서 일해 온 사람에게만 복지를 제공한다는 발상이 자리잡고 있다고 그는 말한다.

'책임'에 필요한 일정한 조건

뭉크의 주장이 독특한 것은, 그렇다고 책임을 부정하는 것은 좋지 않다고 말하는 점이다. 개인의 책임을 부정하면 그 사람이 자유의지에 의해 주체적으로 선택한 것에 관해서도 책임이 없다는 것이 되고 만다.

그러나 예를 들면 데이 케어day care 등 복지 서비스를 받는 사람에게는 그 서비스를 받을지 말지를 스스로 판단했다는 사실은, 살아가기 위해 사람으로서 존엄을 유지하기 위해 중요하기도 하다.

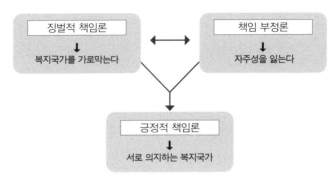

| 책임의 개념 |

징벌적 책임론
↓
복지국가를 가로막는다

책임 부정론
↓
자주성을 잃는다

긍정적 책임론
↓
서로 의지하는 복지국가

인간에게 있어 '자기 책임'은 부담인 반면 자기 자신의 인생이나 가족, 직장과 지역 사람들에 대한 책임을 다한다는 의미에서 인생을 의미 있게 살아가기 위한 의욕이기도 하다. 그러므로 뭉크는 책임이라는 개념을 부정하는 것이 아니라 책임이라는 말을 재정립할 필요가 있다는 것이다.

현대사회에서 책임은 징벌적인 의미를 가지게 되고 말았다. '책임을 진다'라는 표현이 그런 의미에 있어서 '책임' 용법의 전형인데, 뭉크는 보다 긍정적으로 파악해야 한다고 말한다. 그러기 위해서는 누구나 책임 있는 주체로서 자신의 생활을 자기 자신이 선택할 수 있는 사회를 최대한으로 보장받아야 한다.

'책임을 가지고 자신의 인생을 선택한다'라는 것이 실제로는 불가능한데도 그 사회에 있어서 '자기 책임론'을 따지는 것은 넌센스이기 때문이다. 선택지가 충분히 주어져 있고 동시에 자신의 의지로 선택이 가능한 범위에 있을 때만 개인은 결과에 대해서 책임을 가진다고 말할 수 있다.

이런 '개인의 선택'을 확실하게 보장하는 사회를 만들기 위해서는 민주적인 토론을 거쳐 서로 '책임'을 물어야 할 범위와 그 내용에 대해 미리 정해둘 필요가 있다.

어떤 행위를 자기 책임이라고 비판해도 될 것인가, 합의에 의한 규정이 없는 상태에서 뭐든지 자기 책임으로서 비판하는 것은 조금 전의 '책임'의 바른 의미 즉 '선택이 가능한 경우에만 책임을 물을 수 있다'라는 생각에 위배되기 때문이다. 이런 조건이 정비될 때 비로소 '책임'을 가지고 서로 의지하는 복지국가를 구축할 수 있다는 것이 뭉크의 생각이다.

'책임을 물어야 하는 범위를 의논해 명확화한다'는 작업은 유권자로서 국가의 제도를 결정해 나갈 때, 또 사회나 가족과의 관계에서 자신의 책임을 명확히 해둘 때에서도 요구되는 태도라고 할 수 있다.

그것을 실천하기 위해서는 반드시 선거에 참여한다, 직장에 문제가 있으면 논의를 제안한다, 또 그 옳고 그름을 의논한다 등의 방법이 있을 수 있다. 즉 '책임을 묻는다' 이전에 의논해야 할 것, 실천해야 할 것이 많다는 뜻이다. 그렇게 생각하면 본래 '책임을 묻다'의 본질은 미래에 있어서 개개인이 무엇을 '책임'져야 할지, 또 그런 '책임'의 자세로써 어떻게 미래사회를 더 좋아지게 만들어나갈 것인가 하는 점에 있다고 할 수 있지 않을까? '책임을 묻다'라는 표현은 이를테면 과거에 저지른 과오를 비난하는 것만을 의미하는 것이 아니다. 이는 오히려 장래에 대해 자신이 책임을 가지고 공헌하려고 하는 일종의 선언 같은 것이 아닐까.

Philosoper

야샤 뭉크(1982년~)

독일계 미국인 정치학자. 정치이론과 민주주의를 전문적으로 연구했다.

책임의 개념을 재정립하고자 시도했다. 저서에 『민주주의를 구하라』 등

이 있다.

추천도서

야샤 뭉크 저 『자기책임의 시대』

'좋은 사람'은 왜 리더로 적당하지 않은가?

직장의 인간관계로 고민하고 있습니다.

저는 관리직으로 직원 몇 명을 매니지먼트하고 있습니다. 그중 한 사람이 저
에 대해 반항적인 태도를 보여 고민하고 있습니다. 저의 지시에 그가 일일이
반론을 하는 탓에 다른 직원도 제 말을 가볍게 여깁니다. 결과적으로 저와 팀
의 인간관계가 삐걱거려 업무상 필요한 의사소통마저 원활하게 이루어지지
않고 있습니다. 어떻게든 이 반항적인 직원을 컨트롤해서 다른 직원에 대해
서도 리더십을 발휘하고 싶습니다. 무슨 방법이 없을까요?

– 상담자로부터

과거에는 반항적인 직원이 있어도 크게 꾸짖으면 해결이 되었지만, 직장 내 괴롭힘에 민감한 요즘 직장에서는 강한 대응은 주저하기 마련이다. 그렇다고 해도 애매한 태도를 취하면 리더로서의 권위가 없어지므로 다른 직원에게도 얕보이고 말게 된다.

이때 참고가 되는 것이 마키아벨리즘이다.

마키아벨리즘이란 이탈리아 사상가 마키아벨리Niccolò Machiavelli가 저술한 『군주론』에서 소개된 사고방식이다. 『군주론』이라는 책은 냉철하고 현실감이 넘치는 기술이 큰 특징이다. 자주 '목적을 위해서는 수단과 방법을 가리지 않는다'라는 표현을 사용하는데, 악명 높은 '권모술수'야말로 마키아벨리즘의 진면목이라고 할 수 있다.

마키아벨리는 피렌체 공화국의 서기관으로 외교 분야에서 일했지만 그 후 실각하고 이 책을 집필했다. 당시 이탈리아는 소국이 서로 대립하여 정세가 불안정했다. 그런 상황을 피부로 느끼며 외교관으로서 타국의 군주를 관찰함으로써 자신만의 독자적이고 현실적인 정치사상을 형성했다.

'군주는 냉혹하라'는 마키아벨리의 가르침

마키아벨리는 군주는 냉혹해야 한다고 주장한다. 하지만 그는 단순히 냉혹한 폭군이 훌륭하다는 것이 아니라 이것은 역설적인 관점을 취한 것에 불과하다. 일반적으로 훌륭한 군주란 국민에게 후하고 자비로운 사람이라고 생각하기 쉬운데, 국가 통치의 목적을 국가의 평화와 안정이라고 한다면, 후하고 자비로운 군주는 그 목적에는 어긋난다고 마키아벨리는 생각했다. 군주가 지나치게 '좋은 사람'이면 군주를 가볍게 보는 사람이 늘어 국가의 통제가 힘들어진다. 그 결과 사회가 무질서해지고 살육과 약탈의 발생이 허용되고 만다는 것이다. 그런 상황에 빠지는 것보다는 군주는 좀 냉혹한 것이 좋다고 말한다. 군주에게 냉혹함이 있으면 징계 처형과 같은 '악정(惡政)'도 각오해야 하지만 그 대신 위엄이 높아지고 국민은 그 뜻에 따르므로 국가 전체의 통제가 가능해진다. 징계 등 최소한의 잔혹함을 허용함으로써 질서 있는 안정된 대국을 이룩할 수 있다면 그것이 더 바람직하다고 마키아벨리는 생각했다. '사랑받는 군주보다 두려움을 느끼게 하는 군주가 좋다'라고 그는 단언하는데, 그러한 그의 거침없는 철학은 『군주론』을 통해 시종일관 주장되고 있다.

현대에 있어서도 직원을 컨트롤하기 위해서는, 역시 지나치게 '좋은 사람'은 고려해 봐야 한다. 그러나 마구 직원을 위협하기만 해서는 상사에 의한 사내 괴롭힘에 해당되고 말 것이다. 도대체 어느 정도까지면 허용되는 것일까?

『군주론』에서 마키아벨리가 전개하는 리더십은 역시 극히 현실적인데, 그중에서 여우와 사자를 모델로 삼아 설명한다. 여우는 교활한 동물이므로 함정에 별로 걸려들지 않는다. 한편 사자는 강한 동물로 다른 동물과 싸워도 지지 않는다. 마키아벨리가 이상으로 삼는 군주는 이 여우 같은 교활함과 사자의 강함, 이 양자를 겸비하도록 요구한다. 즉 그가 생각하는 진정한 리더십에는 '교활함과 강함'이 포함되어야 한다.

상사에게 적용시키면 사자처럼 강해야 하니까 강하게 말해야 할 때는 다소 혹독하게 의견을 말해야 될 것이다. 그래서 상대에게 공포심을 주는 것이 반항적인 직원만이 아니라 다른 직원에게도 위엄을 보이는 것이 된다. 하지만 이때 상사에 의한 직장 괴롭힘으로 고소당한다면 모든 것을 잃게 되므로 무계획적으로 분노를 쏟아내서는 안 된다. 상대를 비판하기 전에 어디까지나 여우 같은 교활함으로 용의주도하게 준비를 해두어야 한다. 예를 들면 직원에게 잘못이 있다는 객관적 증거를 잡고 나서 꾸짖는다든지, 또는 어느 정도 직원에게 자유를 인정해주는 대신에 다른 귀찮은 일을 밀어붙인다든지, 어떤 교섭을 통해 자신의 이익을 확보한다든지…… 그런 '간교함'이 상사에게는 요구된다.

사실은 내가 좋아하는 「The Ofiice(2005~2013년 영국 드라마- 옮긴이)」라는 인기 시트콤에도 그런 장면이 있었다. 마키아벨리에게 배운 것인지는 모르겠는데, 그런 '강함과 교활함'을 발휘한 상사는 드라마 안에서 적절하게 직원에 대한 위엄을 되찾는 데 성공했다.

Philosoper

니콜로 마키아벨리(1469~1527년)

이탈리아 정치 사상가, 피렌체 공화국 외교관. 실무 경험에 기인한 날카로운 정치이론가, 리더론으로 유명하다. 다만 그가 말하는 권모술수는 때로는 마키아벨리즘으로 평가되는데, 철저한 사실적 시점은 훼예포폄(毀譽褒貶:

비방과 칭찬, 나무람과 치켜세움-옮긴이)이 극명하다. 저서에 『군주론』, 『전술론』 등이 있다.

추천도서

마키아벨리 저 『군주론』

'시간에 맞추기'가 의미가 없는 경우는 어떤 때인가?

근로 방식 개혁에 따라 우리 회사에서도 원칙적으로 잔업을 없애게 되었습니다. 하지만 제가 담당하는 클라이언트는 영업 시간이 늦어서 업무 종료 후에도 연락이 와서 일 처리에 쫓기는 경우가 일상다반사여서 제가 잔업을 하지 않으면 결국은 업무가 끝나지 않습니다.

하지만 항상 잔업을 하고 있으면 '잔업수당을 노리는 놈'으로 인식되거나 '일이 늦고 능력이 없는 사람'으로 간주되는 느낌이 들어서 매일 스트레스를 받습니다. 그러나 제가 하는 지금 일을 해내기 위해서는 일정한 잔업이 반드시 필요합니다. 적어도 '잔업을 자주 한다=무능한 직원'이라고 인식되지 않는 방법이 없을까요?

- 상담자로부터

왠지 새로운 제도가 도입되면 그때까지 해온 일이 통째로 나쁜 것처럼 다뤄지는 경우가 있다. 근로 방식 개혁도 그러한 예의 하나일지 모르겠다. 잔업에 따른 장시간 노동이 육아 방해나 결국에는 과로사로 이어지고 마는 것은 부정할 수 없지만 잔업을 하는 사람으로서는 실제로 잔업이 필요한 정도의 업무량이 있는 이상 어쩔 수 없다는 생각이 들 것이다. 생산성을 올리면 된다고 해도 한계가 있는 것이다. 책임감이 강한 사람일수록 일을 정확히 하기 위해서는 반드시 잔업을 해야 하는 상황도 일어날 수 있다. 본인이 열심히 하고 있는데도 불구하고 그것을 무능하다고 취급받는 것은 본질을 파악하지 못하고 있기 때문으로 여겨진다.

그러면 어떻게 하면 좋을까? 참고가 되는 것이 20세기 독일 철학자 하이데거Martin Heidegger의 '근원적 시간'의 사고방식이다.

하이데거는 통상 우리들이 사용하고 있는 '시계의 시간', 혹은 통상적인 시간이라는 의미의 '통속적 시간'과 비교하는 방식으로 이른바 '마음의 시간'이라고 하는 '근원적 시간'의 개념에 대해서 이야기하고 있다.

'시계의 시간(통속적 시간)'의 경우 과거에서 현재, 미래로 직선적으로 시간이 흘러간다. 시간이 흘러가는 속도도 일정하고 당연히 시간이 오락가락하는 일은 없다. 따라서 '시계의 시간' 개념에서는 잔업을 한다는 것은 잔업을 한 만큼 시간을 소비했다고 볼 수밖에 없다.

이것에 대해 '근원적 시간'의 개념에서는 '바로 지금'을 기점으로 이미 지나간 '과거'나 지금부터 도래할 '미래'도 모두 자신 안에 존재한다고 생각한다. 과거도 미래도 '바로 지금'의 자신과 관계가 있는 시간이므로 '바로 지금'이라는 시간과 함께 존재한다.

하이데거에게 배우는 시간 사용법

좀더 쉽게 이야기하자면 과거에 있었던 일은 지금 자신의 머릿속에 당연히 있을 테고, 미래에 일어날 일도 지금 자신의 머릿속에 계획이나 예정, 예감과 같은 형태로 존재한다.

이것은 한마디로, 시간이란 지금 이 시간을 살아가는 자신 안에서만 존재하는 것이라고 여긴다는 의미이다. 이것이 '근원적 시간'의 개념이다.

이 '근원적 시간'에 따르면 '과거'나 '미래'가 존재하는 것은 자신이 '바로 지금'을 열심히 살고 있기 때문이라고 할 수 있다. '근원적 시간'의 개념에 있어서는 '바로 지금'을 열심 히 산다는 것은 시간의 단순한 소비가 아니다. '시계의 시간(통상적 시간)'에 있어서는 예를 들면 지금 필요한 일에 3시간이 걸렸다고 한다면 단순히 3시간을 소비한 것뿐이다.

한편 '근원적 시간'에 있어서는 '바로 지금'을 열심히 산 것은 미래 결과를 좋게 한 것이고 또 동시에 과거를 되돌아보았을 때에도 갖가지 의미 있는 시점을 가질 수 있다는 의미에서 과거도 윤택하게 만드는 일로 이어진다. 그러므로 '바로 지금' 3시간을 열심히 일한 것은 3시간 이상의 의미를 가질 수 있다는 것이다. 이 '근원적 시간'을 의식하고 자각함으로써 사람은 지금 이 순간을 더한층 열심히 살고자 한다.

바로 이처럼 하이데거는 생각했다. 그러한 '바로 지금'을 열심히 사는 자세야말로 인간에게 있어서 본질적이고 옳은 것이라고 말하고 있다.

그럼 '근원적 시간'의 개념을 기초로 잔업을 다시 생각해 보자.

'시계의 시간(통속적 시간)'에서 잔업은 그저 시간의 소비다. 한편 '근원적 시간'에 있어서 잔업은 필사적으로 살아가는 증거이고 본래의 일을 더 잘하기 위한 것이며, 그것은 과거를 되돌아볼 때도 더 좋은 시점을 제공한다. 지금 해야 할 일을 필사적으로 한다는 의미에서 잔업은 본인의 '삶'을 윤택하게 빛내기 위해 꼭 필요한 시간이라고 생각될 것이다. 그럼 이제 주위에 '잔업하지 않으면 업무를 처리하지 못하는 무능한 사람'이라고 비치지 않기 위해서는 어떻게 하면 좋을까?

상담자는 혹시 자신 스스로도 잔업을 '안 될 일'이라고 생각하고 있는 것은 아닌지? 그렇지 않고 '근원적 시간'에 기초해서 잔업이란 자신의 인생을 윤택하게 만들기 위해 '바로 지금'을 열심히 사는 것이라고 재인식할 수 있다면 열정에서 생겨나는 '기백'과 같은 것을 주위 사람들에게 느끼게 할 수 있을 거라고 생각한다. 잔업의 필요성이나 의의에 대해 자기 자신도 어딘가 떳떳하지 못한 마음에 얽매여 잔업을 하니까 주위에 그 필요성이 좀처럼 전달되지 못하는 것은 아닐까? 자신이 잔업의 필요성을 근본적으로 확신하고 있으면 주위의 평가도 바뀔 것이고, 또 가령 주위 사람들이 다소 냉담한 눈으로 본다고 해도 동요하지 않을 수 있다.

Philosoper

마르틴 하이데거(1889~1976년)

독일 철학자. 자신은 대체 불가능한 '죽음을 향하는 존재'라고 자각해야 한다고 주장했다. 그래서 죽음을 자각할 때 비로소 사람은 진정한 삶을 살 수 있다는 실존주의적인 철학을 설파했다. 나치스(Nazis)에 협조한 일로 대학에서 추방되었다. 저서에 『존재와 시간』, 『기술에 대한 물음』 등이 있다.

추천도서

도도로키 다카오(轟孝夫) 저 『하이데거의 '존재와 시간' 입문』

상사와의 의결 충돌은 불가피한 것인가?

회사의 방침에 따른 새로운 사업 기획서를 제출하라는 말을 들었습니다.

코로나의 영향으로 재택근무가 확산되고 있지만 그동안 근태관리 때문에 여러 기업이 고심하고 있는 것을 잘 알고 있기에 원격 근태관리 시스템에 관한 기획서를 준비하고 있는 상황입니다.

다만 분명 상사가 반대할 것이라는 생각이 들어서 신경이 쓰입니다.

상사는 고리타분한 타입의 영업맨으로, 대면 상태로 이루어지는 협의가 아니면 주의를 줍니다. 재택근무 자체에도 부정적입니다.

어차피 기획이 폐기될 바에야 상사 마음에 들 만한 기획으로 변경하는 게 좋은가 하고 고민하고 있습니다.

– 상담자로부터

자신에게 좋은 아이디어가 있는데도 상사 머릿속에 다른 아이디어가 있어 그대로는 의견이 충돌하고 마는 경우가 있다. 조직에서 일하는 사람이라면 반드시라고 할 정도로 흔히 부딪히는 문제라고 생각한다.

직원은 가능한 한 자신의 아이디어를 구체화하고 싶은 마음이 간절할 것이다. 하지만 현실적인 문제로서 상사의 OK가 없으면 일을 진행할 수 없는 것이 조직이다. 어떤 조직도 인간 사이의 관계성이 연루된다. 아무리 좋은 아이디어라고 믿어도 자신의 생각을 솔직하게 제안한 결과 상사와의 인간관계에 균열이 생기는 일도 일어날 수 있다. 상사와 거북해지는 상황을 무릅쓰고 자신의 이상을 관철할 것인가 아니면 현실이라는 벽 앞에 납작 엎드려, 알아서 행동해야 할 것인가……

여기에서 문득 드는 생각은, 그렇다면 원래 대답은 이 2가지 선택지밖에 없는 걸까? 제3의 길이 어딘가에 숨어 있을 가능성은 없는 걸까?

이렇게 이율배반(二律背反)적인 막다른 길에 부딪혔을 때 참고가 되는 것이 독일 근대 철학자 헤겔Georg Wilhelm Friedrich Hegel의 변증법이라는 개념이다.

변증법으로 대립을 피하다

헤겔의 변증법이란 문제가 생겼을 때 그 문제 자체를 포함시켜 더한층 한 단계 위의 수준에 도달하기 위한 사고 방법을 가리킨다. A인지 B인지, 양쪽 선택지가 양립할 수 없을 때에 그 한쪽의 선택지를 버리지 않고 더 좋은 해결법을 찾아낼 수 있다.

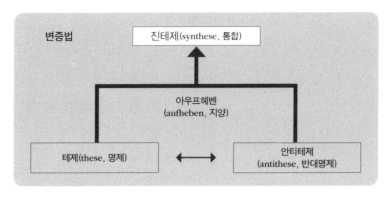

| 헤겔의 변증법 |

변증법

진테제(synthese, 통합)

아우프헤벤
(aufheben, 지양)

테제(these, 명제) ◀▶ 안티테제
(antithese, 반대명제)

이것은 이른바 제3의 길을 창조하기 위한 사고방식이다.

제3의 길이라고는 하지만 당초의 선택지와 전혀 다른 새로운 선택지에 일임하는 안이한 사고법이 아니라는 점에 주의가 필요하다. 또 안이하게 상대의 의견과 타협하거나 적당히 져주는 방법과도 전혀 다르다. 여기에서 포인트는 문제시되는 부분을 포함시키는 데에 있다.

헤겔의 변증법이란 어떤 사물(테제)에 대해 그것과 모순되는 상황이나 문제점(안티테제)이 존재할 때 그것들을 원래 테제에 포함시킴으로써 테제와 안티테제 사이에 어떤 모순이나 문제점을 극복해(아우프헤벤), 더 발전된 해결법(진테제)을 창출한다는 것이다.

상사의 아이디어와 자신의 아이디어가 모순이 있어 서로 부딪히는 마이너스 상황을 플러스로 바꾸어, 더 좋은 아이디어를 창출한다는 문제해결법이다. 앞의 상황을 다시 한 번 정리하면 자신의 기획과 상사의 기획이 서로 모순되는 상황이라고 했는데, 그런 경우에는 변증법적 사고법을 잘 활용함으로써 인간관계를 우선시하며 상사의 기획을 그대로 채용하는 방법 외에 또 다른 해결책을 발견할 수 있을 것이다.

그러면 구체적으로 어떻게 해서 모순되는 안을 원래의 문제에 포함시킬 수 있을까?

우선 상사의 안의 좋은 부분을 존중해 보자.

상사는 재택근무에 부정적이지만, '모두가 같은 장소에서 일함으로써 비로소 상호 간에 자극이 되고 일체감과 창조성이 생겨난다'는 점을 중시하는 자세, 게다가 그 자세에 기인해서 지금까지 상사가 쌓은 일의 성과 자체는 비록 자신과 의견이 다르다고 해도 적극적으로 존중해서 평가해야 할 부분이다.

한편 자신의 안, 즉 재택근무를 쉽도록 도와주는 서비스를 상품화하는 아이디어에도 물론 좋은 점이 있다. 거기에 상사의 생각을 자신의 아이디어 속에 잘 포함시켜서 '전원이 출근하는 일체감과 거기서 생겨나는 창조성을 손상하지 않도록 재택과 사무실을 상시 접속해서 원격 근무할 수 있는 시스템을 개발한다'라는 방식으로 보다 발전된 기획을 제안해보면 좋지 않을까?

다른 의견이나 사람들끼리 대립하는 상황을 자주 물과 기름에 비유하는데, 절대로 섞이지 않을 것 같은 물과 기름도 같이 섞어 유화시킴으로써 드레싱이 된다. 머리를 쓰는 방식에 따라서 '1+1=2'뿐만 아니라 무한대의 가능성을 창출하는 것이 변증법의 놀라운 부분이다.

G·W·F 헤겔(1770~1831년)

독일 철학자. 근대철학의 완성자로 일컬어진다. 변증법의 개념으로 유명하다. 사회철학에서도 국가론을 펼쳐 스스로 프로이센의 정치 개혁에 참여했다. 저서에 『정신현상학』, 『법의 철학』 등이 있다.

추천도서

요리카와 조지(寄川条路) 저 『헤겔, 사람과 사상』

다양성을 인정하지 못하는 사람의 사고를 바꿀 수 있는
방법은 없는가?

많은 중소기업에서 일손 부족을 앓고 있는데, 제 회사도 예외가 아닙니다. 특히 40살 이상의 인재는 긴급하게 보충해야 할 상황입니다.

다행히 채용까지는 어떻게든 간신히 해결이 되지만, 채용된 인재가 그 후 정착하지 못해 어려움을 겪습니다.

저희 세대는 조금 몸이 안 좋아도 매일 정시에 출근하는 것이 당연하고, 상사의 명령은 절대적이라는 문화에서 자라서, 한 번 취직하면 정년까지 일하는 것이 당연하다는 생각이 있지만, 젊은 세대는 다른 듯합니다.

어떻게 하면 그들을 정착시킬 수 있을까요?

– 상담자로부터

나도 50살이지만, 지금 50대 이상과 그보다 젊은 세대와는 가치관에서 크게 차이가 있는 것 같다. 내가 신입사원 무렵은 종신 고용이 당연하고 회사 생활이 인생의 모든 것인 양 인식되었다. 그러나 그 후 고용이 유연해지고 경력 쌓기를 위해 몇 번이고 이직하는 것이 당연시되었다. 한 회사에서 멸사봉공하는 하는 것을 선호하는 사람이 줄고 일 외에 인생의 즐거움을 찾는 사람도 늘고 있다.

그러므로 지금 30대에서 40대의 한창 일할 사람들에게 50대, 60대의 가치관을 강요해서는 이야기의 초점이 맞지 않을 것이다. 50대 이상의 가치관은 한 회사에 계속 의존하는 이른바 '일원론'인데 비해서 40대 이하의 가치관은 여러 가지를 병행하며 살아가는 '이원론' 또는 '다원론'이다. 즉 양자는 전혀 다른 사고방식을 가지고 살아가고 있는 것이다.

그렇다면 그런 40대 이하의 세대를 회사에 정착시키는 방법은 무엇일까?

이원론적 사고방식을 인스톨한다

참고가 되는 것은 일본 철학자 구키 슈조(九鬼周造)의 '이키(いき)'라는 개념이다. 이것은 특별한 의미를 부여하고 있으므로 일부러 발음대로 표기했다. 간단하게 말하면 '이키'란 세련되고 멋있다는 의미이다.

'배려 깊은 조치'라고 할 때 '배려 깊은'의 뜻도 있다.

'이키'라고 하면 일본적인 고풍스러운 개념이므로 오래된 일원론적인 가치관의 대표적 개념 같은 느낌이 든다. 하지만 구키 슈조가 생각하는 '이키'는 인간관계에서 오히려 이원론적인 가치관에 기인한다. 이러한 인간관계를 그는 기생과 손님의 관계에서 착안했다고 한다.

지난날 일본에 있어서 화류계 풍류에 익숙한 손님은 좋아하는 기생이 있어도 일부러 무심한 듯 행동했다. 손님에게는 손님의 가정이 있고, 또 기생에게는 다른 단골들이 있어서 사실은 서로 사랑한다고 해도 거리를 두고 사귀는 것을 '이키'라고 생각하는 방식이 있었다. 이것은 일본 독자적인 이원론적인 발상에 근거한다고 그는 말하고 있다.

서양에서는, 서로 사랑하는 사이가 되면 손님은 아내와 헤어지거나 해서 가정을 청산해야 하고 기생은 그녀 나름대로 여러 단골을 두는 게 불성실하고 윤리에 어긋나는 행위라고 여겨 그 일을 그만두거나 다른 직업을 찾아야 한다고 생각한다. 즉 분명한 형태로 동반자가 되는 것이 서양에서는 이상적인 모습으로 그려지기 쉽지만 그것은 일원론적인 발상이 된다.

지금 세대가 이원론적인 가치관을 가지고 있다고 하면 그들과 관계를 원만히 꾸려나가기 위해서는 그들과의 교제법에도 '이키'를 살린 배려를 도입하면 좋을 거라고 생각한다. 따라서 그들을 회사에 붙잡아 두려고 한다면 약간 역설적이기는 하지만 일원적인 친밀한 관계를 강요하는 것이 아니라 오히려 이원적인 세련된 관계를 인정해 주는 것이다. 예를 들면 휴가를 내겠다고 말할 때, 바쁜 시기에 쉰다고 훈계할 것이 아니라 오히려 그런 시기라도 쉴 수 있는 환경을 만들어 주는 것이 좋다.

잔업을 요구할 것이 아니라 정시에 퇴근하기 쉬운 직장 환경을 만드는 쪽이 그들의 동기부여를 끌어올리고 생산성을 향상시킬 수 있는 것이 아닐까? 그런 '배려 깊은' 행동이 좋은 관계를 지속하게 만든다.

Philosoper

구키 슈조(1888~1941년)

일본 철학자. 8년에 걸친 유럽 유학을 거쳐, 교토 제국대학에서 학생들을 가르쳤다. 일본 독자적 개념에 착안하여 독자적인 철학 사상을 낳았다. 저서에 『이키의 구조』, 『우연성의 문제』 등이 있다.

추천도서

후지타 마사카쓰(藤田正勝) 저 『구키 슈조(九鬼周造)』

사람을 움직이려면 어떻게 하면 좋은가?

코로나 바이러스 감염이 확산되고 있습니다.

가능한 한 재택근무로 대체하고, 손 씻기와 양치질 등 여러 가지 감염 대책이 세워지고 있지만 그것을 일부러 무시하는 사람이 있습니다. 외출 자제 요청이 발표되었을 때도 일부러 외출을 하거나 여행을 가거나 하는 사람을 보면 이런 사람들 때문에 나 자신이 감염되고 싶지 않다는 생각이 듭니다.

제 직장에서도 마스크를 하지 않는 사람이 있습니다. 그저 마스크를 하도록 주의를 주면 버럭 성질을 내서 아무 말도 못 합니다.

어떻게 하면 좋을까요?

– 상담자로부터

코로나 바이러스의 피해는 어디까지 확산될지 앞이 보이지 않는 상황이 계속되고 있다. 정부의 대책은 모두 한 발 늦은 듯이 보여 여론의 호된 비판을 받는 일도 많아지고 있다.

정부가 유효한 대책을 내놓지 못하는 탓도 있지만, 개인이 더욱 철저하게 코로나 대비를 해야 한다고 생각하는 사람이 많은 듯하다. 그것이 가장 극명하게 나타나는 것이 기침에 대한 에티켓이나 마스크 착용 수칙이 아닐까 한다. 예를 들어 전철에 승차하면 기침에 관한 수칙이 전광게시판을 통해서 안내되는데, 이것도 기침을 신경 쓰는 사람이 많이 있기 때문일 것이다. 다만 너무 시시콜콜한 규칙을 지시하게 되면 반발심이 생기는 것이 인간이지 않을까? 상담자의 직장에서도 마스크를 하지 않는 사람이 있다고 했는데, 그에게 대놓고 주의를 주면 오히려 반발할지 모른다.

'주의를 주는 방법'에 따라 사람이 바뀐다

그럼 어떻게 기침에 관한 에티켓이나 마스크 착용 수칙을 제안하면 순조롭게 받아들여 줄까? 그럴 때에 유효한 것이 '넛지Nudge'라는 개념이다. '넛지'란 원래 팔꿈치로 상대를 툭툭 쳐서 슬쩍 주의를 준다, 상대를 깨닫게 한다 등의 의미를 가진 단어이다.

미국 철학자 캐스 선스타인Cass Robert Sunstein 등은 이것을 사상 용어로 사용했다. 즉 대놓고 지시하면 반발할 일도 넌지시 알려주면 쉽게 받아들여 주체적으로 행동하게 된다는 것이다.

이것은 리버테리언 퍼터널리즘(Libertarian paternalism, 자유주의적 개입주의)라고 해서 자유지상주의를 내세운 리버테리언이 중시하는 개인의 자율과 퍼터널리즘, 즉 가부장주의에 근거한 유효한 개입의 균형을 잘 잡기 위한 방법을 제시한 것으로 주목받고 있는 사상이다.

리버테리안이라고 불리는 사람들은 개개인의 자유를 최대한 존중한다. 그래서 그들 위에 정부를 두고 정부가 개인에게 여러 가지 관여하는 것을 거부하고 싶은 것이다.

퍼터널리즘이란 가부장주의라고 번역되는 데에서 알 수 있듯이 보수적인 가정에 있어서 아버지와 같이 힘이 강한 존재가 개인의 의지가 어떠하건 간에 개입하거나 지원하는 것을 말한다.

퍼터널리즘은 개인의 자기 결정을 저지하는 점, 권력의 강한 것과 약한 것의 힘 관계를 전제로 하고 있다는 점 등으로 비판받기도 하는데, 현실의 빈곤 문제나 사회복지의 현장에서는 국가가 개입하는 것이 좋은 결

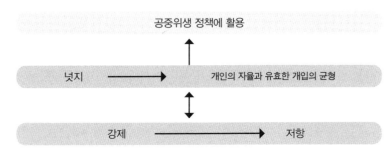

| 넛지의 활용 |

공중위생 정책에 활용

넛지 ⟶ 개인의 자율과 유효한 개입의 균형

강제 ⟶ 저항

과로 연결되는 경우도 많이 있다.

따라서 최대한 개인의 존엄을 해치지 않도록 하면서 동시에 개입, 지원하기 위한 수단으로서 넛지의 활용이 고려된 것이다. 이러한 넛지는 지금 공중위생의 분야에서 널리 활용되고 있다. 예를 들면 생활 습관병의 예방을 위해 식사 메뉴의 개선을 촉구하거나 운동을 권하거나 하는 경우, 강제적으로 지시를 하면 반발을 사지만, 넛지를 사용하면 수용되기 쉬워진다.

정크푸드는 몸에 나쁘므로 오늘부터 오가닉 건강식을 먹으라고 하면 누구라도 반발한다. 하지만 건강식의 좋은 점을 넌지시 일깨워주고, 가까운 슈퍼 등에서도 정크푸드보다 오가닉 제품을 앞 쪽으로, 다양하게 진열하면 상품 진열이 풍성해지고 구입하기 쉬워지면 자연스럽게 건강식을 선택하는 사람이 늘어날 것이다.

감염증 대책은 공중위생의 한 분야이므로 코로나 대책에 넛지를 사용하는 것은 극히 자연스러운 일이다. 마스크를 하면 평소보다 멋있게 보이는 패션을 생각해 본다거나, 일을 잘하는 사람일수록 반드시 마스크를 착용한다는 등 마스크를 써서 얻는 이점을 중심으로 이야기를 퍼뜨린다거나 하는 방법을 생각해 보는 것은 어떨까?

Philosoper

캐스 선스타인(1954년~)

미국 철학자, 법학자. 경제학자 리처드 세일러(Richard H. Thaler)와 함께 넛지 사상을 주장했다. 저서에 『리퍼블릭닷컴』 등이 있다.

추천도서

리처드 세일러 · 캐스 선스타인 저 『넛지』

'눈치 보기'는 왜 좋지 않은가?

저는 아이가 태어나서 행복한 매일을 보내고 있습니다.

그런데 아내만 육아를 부담하는 것이 불공평하고 아내도 일을 하고 있어 현실적인 문제로 분담이 필요해서 제가 육아휴직을 신청하려고 합니다.

그러나 제가 다니는 회사에서는 여성은 육아휴직을 받을 수 있지만 남성은 제도로서는 존재하지만 신청하면 주위의 차가운 시선을 받게 됩니다.

육아휴직을 쓴 남성이 좌천된 일이 있었는데, 그런 경우를 보면 저도 육아휴직을 받으면 사내에서의 입장이 위태로워질 듯한 생각이 듭니다.

다만 제도가 있는데도 사용하지 못하는 것은 이상하다고 생각해서 신청해 보려고 합니다.

사내에서 트러블을 회피하면서 육아휴직을 쓸 수 있는 방법이 있을까요?

– 상담자로부터

남성의 육아휴직은 지금도 세간의 눈이 따가운 듯하다. 대놓고 말하지는 않아도 마치 일을 땡땡이친다고 비난하거나 월급 도둑처럼 취급하는 사람까지 있다. 그러나 육아와 가사를 부부가 분담하는 것은 본래 극히 당연한 일이다. 직장 내에서 누군가가 용기를 내서 행동을 일으키면 남성의 육아휴직이나 아이 돌보기를 신중하게 생각할 계기가 될 것이라고 생각한다.

이러한 때 참고가 되는 것은 독일 출신으로 유대계 현대 사상가인 한나 아렌트Hannah Arendt다.

'남성의 육아휴직'을 보편화시키는 방법

아렌트는 유대계이고 또 여성이어서 20세기 사상계에서 활약하는 데에 필시 많은 어려움이 있었을 거라고 생각된다. 그러나 그녀는 천성적으로 타고난 용기를 살려서 세상의 상식을 바꾸는 데에 과감하게 도전

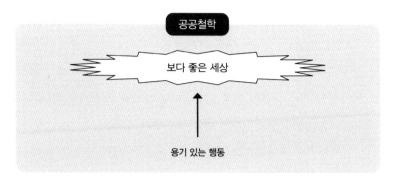

| 세상을 건전하게 만들기 위해 |

공공철학

보다 좋은 세상

용기 있는 행동

했다.

나치스에 쫓겨서 미국으로 망명한 그녀는, 그 나치스의 범죄에 놀랍게도 유대인인 자신이 가담했던 사실을 고백함으로써 의론을 불러일으켰다. 그녀 자신이 유대인 사회에 속해 있었으므로, 이른바 동지를 고발하는 듯한 행동을 취하는 데에는 큰 용기가 필요했을 것이다. 그러나 아렌트는 비판을 두려한 나머지 누구도 행동에 옮기지 않는다면 세상 사람들이 문제에 대해 생각하는 계기마저 없어지게 되고 세상 전체가 사고 정지에 빠지고 만다고 확신했다.

나치스라는 악을 만들어낸 것은 그런 일반대중의 사고 정지에 있었던 것처럼, 이것이 아렌트가 가장 문제시 삼는 점이었다. 용기 있는 행동을 스스로가 실천한 것처럼, 그것을 계기로 사회 전체에 대해 사고를 촉진해 나감으로써 아렌트는 공공철학의 선구자라고 일컬어지게 되었다. 공공성,

즉 세상을 건전하게 만들기 위해 무엇이 필요한지가 나치스에 의한 박해나 남녀 차별적인 사상과 계속 싸워온 아렌트의 최대의 테마였다.

상담자 자신이나 아내가 회사에서의 입장을 우려하는 마음은 잘 안다. 한편 급속히 시대가 변화하는 가운데 사회에 있어서 육아휴직에 대한 사고방식 역시 급격히 변화하고 있다고 생각한다. 실제로 육아휴직 사용을 이유로 전근을 명했다는 모 회사의 일이 일어났을 때 인터넷상에서는 당사자 부부를 동정하는 댓글이 쇄도하고 순식간에 비방 여론이 들끓어 해당 기업에서는 큰 이미지 손실이 우려되는 사태로 확대되었다.

따라서 상담자가 큰맘 먹고 육아휴직을 신청한 일로 자신의 회사로부터 좌천과 같은 취급을 받았다 하더라도 특히 인터넷상의 여론은 상담자의 편을 들어줄 거라고 생각한다. 또한 이러한 문제는 모 회사가 이미 크게 화제를 일으킨 사건이 있은 다음이므로 자신의 회사가 비방 여론의 리스크를 감수하면서까지 상담자에게 불리한 처우를 단행할 가능성은 낮다고 생각된다. 무엇보다 자신의 행동이 옳다고 확신한다면 사회 전체를 보다 좋은 방향으로 바꾸어 나가기 위해서 용기 있는 행동을 취하는 것은 '선'이지 않을까? 태어난 자녀를 위해서도 남녀 모두가 살아가기 쉬운 세상을 실현하기 위해서 과감히 육아휴직을 신청했으면 한다.

Philosoper

한나 아렌트(1906~75년)

독일 출신 여성 현대사상가. 유대계로 미국에 망명할 수밖에 없었던 경험에서 전체주의 분석을 시도했다. 일 이외에 사회 활동의 중요성을 주장한 현대 공공철학의 선구자이다. 저서에 『전체주의 기원』, 『인간의 조건』 등이 있다.

추천도서

나카마사 마사키(仲正昌樹) 저 『악(惡)과 전체주의』

정부의 판단은 언제나 옳은가?

코로나 바이러스의 감염 확대에 따라 '긴급 사태 선언'이 발표되었습니다. 이 선언에서는 '자숙'를 요구할 뿐이고 개인 권리나 행동 제한은 별로 없었지만, 다른 나라에서는 외출 금지 등 강제 조치가 내려진 곳도 있다고 합니다.

혼란한 틈을 타서 개인의 권리를 축소하려는 법안이 통과되는 것은 아닌지 걱정하는 지식인도 있는 듯합니다. 자숙에 따르지 않는 사람에게는 비난을 하거나 폭언을 해도 상관없다는 식의 분위기여서 무서운 생각까지 듭니다.

그런 풍조를 어떻게 하면 좋을까요?

– 상담자로부터

코로나 바이러스의 확산은 급속한 사회 변화를 초래하고 있다. 그 두드러진 예가 '긴급 사태 선언'과 봉쇄 가능성이지 않을까 생각한다.

긴급 시에는 깊이 의논할 시간도 없이 많은 일을 결정해야 한다. 정부의 요청에는 공적 기관뿐 아니라 민간기업도 따라야 하는데, 그 이상으로 국민성 자체가 '분위기 파악'에 민감하여, 지나치게 그것들을 받아들여 과잉으로 대응하는 일이 많이 있을 거라고 생각한다.

여러분 주위에도 예를 들면 대면 상담이나 거래, 회식, 친목회를 일절 중단한 회사도 있을 듯한데, 정말로 그렇게까지 대응할 필요가 있었는지 의문이 들지 않는가? 그런 가운데 정신을 차려보면 고개를 갸웃거릴 정도로 이상한 일이 일어나고 있을 가능성도 부정할 수 없다.

그런 시대에 우리들은 도대체 어떻게 하면 좋을까?

스스로 생각하는 비판정신을 기르는 방법

거기에 참고가 되는 것이 미국 철학자 코넬 웨스트Cornel Ronald West 의 사상이다.

웨스트는 지금까지 인종 문제와 민주주의 문제를 논하고 동시에 스스로도 테러에 참가하거나 항의 활동으로 체포되는 등 '행동하는 철학자'로서 활약해 왔다. 방송에서도 적극적으로 발언하여 TV를 통해서도 친근한 인물이다. 웨스트에 의하면 옳지 않은 일에 맞서나가기 위해서는 '파레시아Parrhesia와 파이데이아paideia'가 필요하다고 말한다. 모두 고대 그리스 철학 용어인데, '파레시아'란 위험에 개의치 않고 진실을 말하는 용기를 말하며, '파이데이아'란 비판적 능력을 기르는 교육을 가리킨다.

이 두 가지는 항상 자동차의 좌우 바퀴와 같이 동시에 요구되는 능력

| 옳지 않은 일에 맞선다 |

행동

파레시아
진실을 말하는 용기

파이데이아
비판적 능력을 기르는 교육

이라 생각하는데, 용기를 가지고 진실을 말하기 위해서는 평소에 비판적
능력을 길러둬야 한다.

반대로 비판적 능력을 배양하려면 용기를 가지고 진리를 말하는 사
람을 보거나, 그런 사람에게 가르침을 구해야 한다고 말할 수 있다. 혼란
한 틈을 이용한 변경이나 과잉된 자숙의 풍조에 대항하기 위해 우리들이
해야 할 일은 용기를 가지고 발언하는 것이 아닐까.

긴급 사태이기 때문에 잠자코 있는다든가, 의견을 말하면 비난당할
것 같으니까 덮어두는 등 모두가 위축되어 있으면 '동조 압력'에 굴복하
는 것과 마찬가지이다. 또한 긴급 사태라는 기회를 이용해 세상에 넘쳐
나는 수많은 잘못된 정보를 비판적으로 보는 시각도 필요하다. 우선은
주위 사람들에게 자신의 생각을 말해보고 서로 의견을 내놓아 함께 생각
해보는 것은 어떨까?

Philosoper

코넬 웨스트(1953년~)

미국 철학자. 인권문제와 민주주의 문제를 전문적으로 논한다. 활동가이고
방송에도 자주 출연한다. 저서에 『인종 문제』 등이 있다.

추천도서

코넬 웨스트 저 『민주주의의 문제 제국주의와의 투쟁에 이기는 것』

대처 방법을 알 수 없을 때는 어떻게 하는가?

정부가 긴급 사태 선언을 발표하여, 저도 재택근무에 들어갔습니다. 지금까
지는 세상없어도 매일 출근하는 것이 당연했고 일밖에 모르는 인간이었는데,
생활이 일변해서 부끄러운 이야기지만 상당히 동요하고 있습니다.

익숙하지 않은 원격 근무에 악전고투하며, 내 일은 나 스스로가 관리해 나가
야 하는 데에 부담을 느낍니다. 코로나는 일회성이 아니라 이제부터 계속 코
로나와 공존해 나가야 한다고 합니다.

지금부터 어떻게 지내면 좋을까요?

- 상담자로부터

사람에 따라 차이는 있지만 코로나로 인해서 우리들이 체험한 '자숙 생활'의 괴로움은 많은 사람이 느끼고 있을 것이다. 외출도 안 되고 업무도 지금까지와는 다른 방식이 요구되는, 무엇보다 끝이 보이지 않는다는 점이 우리들의 불안을 높였다. 어떻게 하면 좋을지를 모를 때만큼 괴로운 일은 없다. 그래도 얼핏 봐서 대처 방법이 전혀 없을 것 같은 초유의 사태라도 과거를 살펴보면 참고가 되는 '비슷한 경우'가 반드시 발견되는 법이다.

코로나 또한, 예를 들면 흑사병과 같이 인류에 큰 피해를 안겨준 역병의 사례에서 배울 수 있을 거라고 생각한다.

담담하게 눈앞에 닥친 일을 수행하며 돌파구를 찾는다

프랑스 작가이자 철학자인 알베르 카뮈Albert Camus가 『페스트』라는 소설을 썼는데, 그 소설에서 그는 이러한 상황에 대한 하나의 답을 분명히 알려 주고 있다.

카뮈라고 하면 『이방인』 등 부조리를 테마로 한 소설 작가로 잘 알려져 있는데, 그의 사상은 단순히 '인간에게 있어 세상은 부조리한 것이기 때문에 그저 받아들일 수밖에 없다'와 같은 것이 절대로 아니다. 오히려 카뮈가 소설 『페스트』에서 테마로 다룬 것은 역병, 특히 팬데믹(세계적 대유행)과 같은 '부조리한 상황'을 어떻게 극복하는가 하는 것이다.

소설 『페스트』는 한 마을이 흑사병의 유행으로 봉쇄되는 데서 이야기가 시작된다. 그런 가운데 주인공 의사 리외는 동료와 함께 흑사병과 싸우는데, 그는 그 싸움을 위한 유일한 방법으로 '성실함'을 들고 있다.

'성실함'이란 자신의 일을 완수하는 것이라고 설명했다.

팬데믹이라는 비정상적인 사태에 놓인 사람들의 마음은 점점 이상한 상태로 되어간다. 결과적으로 모두 순간적인 쾌락을 좇거나, 극단적으로 절망하거나, 혹은 절망에 익숙해져버리거나, 시의심이 강해지거나 한다.

실제로 코로나 바이러스의 팬데믹 상황에서 세계적으로 살펴보면 가정 폭력이 증가했다고 한다. 인간이 그런 이상한 심리에 빠지는 것은 어쩔 수 없다고 해도 그런 상태로는 계속 확대되어가는 바이러스와의 싸움에서 이기는 것은 어렵다. 그러므로 '성실함'이 중요하다고 카뮈는 말하는 것이다.

우리들은 지금이야말로 정신을 바짝 차리고 각자가 사회 일원으로서 담당해온 역할을 성실하고 담담하게 해나가야 한다.

재택근무라서, 그래서 충분히 제 능력을 발휘할 수 없더라도, 의욕을 잃을 여유가 없다. 한 사람 한 사람이 그렇게 '성실함'을 유지하며 담담하게 노력을 계속해 나가는 가운데서 서로 공감이 생겨나고 이윽고 큰 연대감이 키워지는 모습이 『페스트』의 멋진 장면이며, 카뮈가 이러한 모습을 그려낸 점이 정말로 훌륭하다고 생각한다. 연대감이란 각자의 능력과 지식을 최대한 발휘하여 그것을 서로 짜맞춰가면서 현재 닥친 큰 문제에 대처하는 것이라고 생각한다.

상담자도 우선은 자신의 일을 담담하게 해나가는 것이 인류 전체의 코로나 대응으로 이어질 거라고 생각하는 것은 어떻겠는가?

알베르 카뮈 (1913~60년)

프랑스 소설가, 철학자. 부조리를 테마로 한 문학으로 유명하다. 노벨문학

상을 수상했다. 저서에 『이방인』, 『시지프의 신화』 등이 있다.

추천도서

카뮈 저 『페스트』

돈에는 어떤 가치가 있는가?

코로나 바이러스의 감염 확대로 긴급 사태가 선언되었고 외출 자제의 여파로

경제가 악화되어 정부는 국민 전원에게 일률적으로 10만 엔씩(한화 약 100만

원) 특별 정액 지원금을 배부했습니다.

다만 저는 공무원이어서 지원금을 받아도 될지 어떨지 여러 가지 생각을 하

게 됩니다. 지원금은 본래 경제 악화를 저지하기 위한 것입니다. 제가 이 10

만 엔을 사용함으로써 경제가 그만큼 좋아지므로 제가 공무원이든 아니든 그

다지 관계없는 이야기가 될 것입니다.

하지만 일부 지자체에서는 '지자체 직원은 10만 엔을 반납하도록 한다'고 선

언한 것처럼 공무원이 지원금을 받는 것에 저항감이 있는 사람이 어느 정도

있는 듯합니다.

개인적으로 돈이 어려울 정도는 아니지만, 아이 교육비도 드니까 10만 엔이

매우 고맙긴 한데……

– 상담자로부터

국민 전원에게 10만 엔을 지급하는 정액 지원금은 갖가지 의론을 부르고 있다. 원래 제한 영업으로 경영난에 빠진 자영업자에게만 10만 엔이 아니라 30만 엔을 지급한다는 방안이 있었다. 그래서 30만 엔을 받을 것을 기대하고 있던 자영업자는 받을 금액이 10만 엔으로 줄어들어 복잡한 심정이 되지 않았을까 생각한다.

수입에 여유가 있고 생활이 어렵지 않은 사람은 반대의 의미에서 10만 엔의 처리가 곤란할지도 모른다. 여유가 있는 형편인데 지원금을 받았다고, 뒤에서 손가락질을 받을 수 있기 때문이다. 지원금은 본인 신청제이므로 받을 것인지 아닌지의 판단에 각자의 윤리관이 시험당하는 느낌이 들 수도 있다고 생각된다. 하물며 공무원은 세간의 비난이 심하므로 신청하는 데에 주저할 수밖에 없는 마음도 이해가 된다.

히로시마현 지사가 현 소속 직원에게 10만 엔을 모아 기금을 만들겠다고 말해서 비판을 받았는데, 지사가 그런 아이디어를 가지게 된 것도 공무원들이 '지원금을 받으면 세간의 비판을 받을 수 있다'라는 생각이 널리 공유되어 있기 때문 아니겠는가?

도대체 왜 이런 문제로 번진 것일까?

돈의 가치는 '목적'으로 정한다

이것은 원래 돈이란 무엇인가 하는 문제로까지 거슬러 올라가서 생각할 필요가 있는 듯하다. 참고가 되는 것은 독일 철학자 지멜Georg Simmel의 화폐에 관한 사고방식이다.

지멜에 의하면 화폐란 최종적인 가치에의 '가교 역할'에 지나지 않는다. 즉 돈은 최종 목적이 아니라 그것을 '무엇에' 사용할 것인가가 중요하다는 것이다. 그래서 그는 '어차피 인간은 다리 위에 거주할 수는 없다'라고도 말했다. 돈은 다리와 같은 것이고, 자신이 가고 싶은 곳에 가기 위한 수단이다. 아무리 훌륭한 다리라도 우리들은 다리 위에서 계속 살아갈 수 없다. 마찬가지로 다리가 많이 있는지 아닌지에 그다지 의미가 없다. 그러므로 돈이라는 것은 좌우간 많이 있으면 좋은 것이 아니라 목적을 달성하기 위해 필요한 것이다.

이런 돈의 관점은 일반 사람이 막연하게 가지고 있는 돈의 가치관과 크게 다르지 않을 것이다. 다만 돈을 사용하는 사람의 '상식'이 돈을 배분하는 쪽에 있어서는 '상식'으로 공유되지 않는 듯한 느낌이 든다. 지원금을 둘러싼 소동은 이러한 것을 배경으로 일어난 것이 아닐까 싶다.

상담자도 우선 10만 엔의 사용처를 잘 생각해 보는 것은 어떨까?

정말로 유익한 사용처를 생각해두고 있다면 10만 엔을 받는 것에 부담감이 옅어질 것이다. 그러면 지원금을 받아야 할지 말지의 답도 저절로 나오리라 생각된다.

Philosoper

게오르크 지멜(1858~1918년)

독일 철학자, 사회학자. 철학 분야에서는 생의 철학에, 사회학 분야에서는 형식사회학의 형성에 공헌했다. 저서에 『사회적 분화론』 등이 있다.

추천도서

지멜 저 『지멜 컬렉션』

'꿈을 좇는 인생'과 '현실적인 생활' 어느 쪽이 좋은가?

제가 지금 근무하고 있는 회사에서 조기 퇴직자 신청을 받기 시작했습니다. 45세부터 55세 사원이 대상이며, 저도 대상이 됩니다.

저는 영업부에서 과장을 맡고 있지만, 회사 전망이 불안해서 조기 퇴직을 신청하려고 합니다. 인사팀과 상담해 본 결과, 목돈이 퇴직금으로 지급된다고 합니다. 그 돈을 자금으로 해서 큰마음을 먹고 창업을 해 보려고 생각하고 있습니다. 일시적으로 생활은 힘들어지겠지만, 아내가 일하고 있어서 어떻게든 되겠지 하는 생각도 듭니다. 아내에게 의논했더니 아이의 교육비를 생각해 회사를 그만두지 말았으면 좋겠다고 합니다.

저로서는 일시적으로 생활이 힘들더라도 장기적으로 보면 창업해서 수입이 늘 것이라 생각하고 있는데, 아내가 반대하니까 창업을 성공시킬 자신이 없어져 흔들리고 있습니다.

창업이 잘 될 희망이 적다면 분명 조기 퇴직하는 것보다 지금의 회사에서 계속 일하는 것이 안정적이고 수입도 좋다고 생각합니다. 다만 창업에 리스크가 동반되는 것은 당연한 이야기고 나쁜 예상만 믿어서는 행동할 수 없다고 생각합니다.

여러 가지 망설이고 있자니 조기 퇴직에 대해 무엇을 기준으로 생각하면 좋을지 갈피를 못 잡게 돼버렸습니다.

– 상담자로부터

무엇을 기준으로 진로를 결정하면 좋은가. 우선 여기에서 선택해야 하는 것을 생각해 보자.

조기 퇴직을 신청하면 지금 목돈이 들어오므로 그 돈을 자본으로 새로운 길을 걸을 수 있다. 본인으로서는 그 결과가 어떻게 되든 힘든 입장에 놓인 채 회사에 매달리는 것보다도 창업이라는 꿈을 좇는 쪽이 생기 넘치는 일상을 보낼 수 있을 것이다. 그에 비해 회사에 남으면 우선 안정을 얻을 수 있으므로, 창업을 실패할 가능성을 염두에 둔다면 확률적으로는 회사에 남는 것이 보다 돈을 확보할 수 있는 선택지일지 모른다.

안정된 수입을 확보하는 것이 가족에 대한 책임을 다할 수 있고, 가족으로서도 그쪽이 안심이 될 것이다. 다만 본인은 적어도 남은 십수년 동안 창업하겠다는 꿈이 실현될 가능성이 다시 있을지 없을지는 알 수

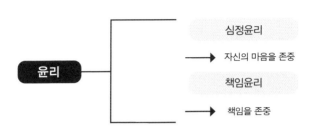

없다. 그런데 여기에서 상담자를 발목을 잡는 것은 단순히 어느 쪽이 돈을 더 벌 수 있는가 하는 문제가 아니라 자신의 꿈인가, 가족에 대한 책임인가 하는 '궁극의 선택'인 것이다.

자신의 마음을 중시하는가, 책임을 중시하는가. 이처럼 2가지 윤리를 비교해서 논하고 있는 것이 독일의 사상가 막스 베버Max Weber다.

'마음에 대한 책임'과 '결과에 대한 책임'

그는 직업으로서 정치에 관해 논할 때 심정윤리(心情倫理, ethic of conviction)와 책임윤리(責任倫理, ethics of responsibility) 2가지를 소개하고 있다.

심정윤리란 자신의 마음을 따르는 것이야말로 가치가 있다는 사고방식이다. 행동한 결과가 어떻게 되는가는 개인에게는 예상할 수 없으므로 행동의 책임은 개인이 아니라 사회나 신에게 달려 있다는 것이다.

책임윤리란 행위의 결과에 대해 예측을 전제로 행동해야 한다는 사고방식이다. 결과에 대해서는 당사자인 개인이 충분히 예측한 뒤에 행동하므로 결과는 그 개인이 책임을 져야 한다고 생각한다.

상담자의 경우에는 자신의 꿈을 좇는 것은 심정윤리에 따르는 것을 의미한다. 그리고 가족에 대한 책임을 중히 여겨 회사에 남는 것은 결과를 예측할 수 있으므로 책임윤리에 따르는 것을 의미한다.

지금 자신의 사고방식이나 놓여진 상황에서 어느 쪽 윤리를 따르는 것이 더 좋은가 곰곰이 생각해 보는 것은 어떤가?

기준만 확실하면 결단을 내리기 위한 길은 명확해서, 선택하기 쉬워질 것이다. 어느 쪽을 선택하든 납득될 때까지 설명하고 설득한다면 분명히 가족도 알아 줄 것이다.

Philosoper

막스 베버(1864~1920년)

독일 사회학자. 관료제의 분석과 지배의 이론 등으로 유명하다. 프로테스탄티즘에 기초한 근면함이 서양 사회에 자본주의 발전을 가져왔다고 주장했다. 저서에 『직업으로서 정치』, 『직업으로서 학문』 등이 있다.

추천도서

나카마사 마사키(仲正昌樹) 저 『막스 베버를 읽다』

왜 개나 고양이에게는 책임을 물을 수 없는가?

··

염원했던 중역으로 승진해서 매우 기쁘지만, 한편 회사의 불상사 등에 말려

들지 않을까 전전긍긍하는 매일을 보내고 있습니다.

자사의 상품을 사용한 사고가 발생해서 사상자가 나올 경우, 기업은 형법상

의 책임 주체가 아니므로 경영자에게 사회적 책임을 묻습니다.

그러나 경영자도 독재자가 아니라 기업으로서 조직의 판단에 의해서 움직이

는 것이 보통이므로 이러한 경우에 경영자 개인에게만 책임을 묻는 것은 이

해할 수 없습니다.

법인으로서 기업 그 자체에 책임을 물어야 한다고 생각합니다만……

– 상담자로부터

분명 기업은 형법상의 책임을 지는 주체가 되지 않는다. 다만 비즈
니스 윤리라는 관점에서는 당연히 기업도 어떤 책임을 져야 한다는 의
론이 펼쳐지고 있다. 그 창시라고 해야 할 것이 미국 철학자 피터 프렌
치Peter French의 이론이다. 프렌치는 기업에 책임을 지우도록 하기 위해
서는 기업 자체가 도덕적인 인격이라고 간주될 필요가 있다고 말한다.
즉 기업에 '행위자성(行爲者性)'이 있는가 아닌가가 문제라는 것이다.
'행위자성'이란 어떤 사람이 신념이나 목적을 가지고 의도적으로 행동
할 때 인정되는 것이다.

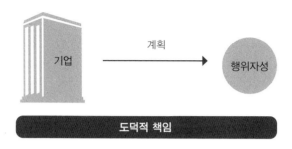

| 기업에 책임을 지운다 |

기업 → 계획 → 행위자성

도덕적 책임

이러한 신념이나 목적이 인정되는 경우에 한해서 그 사람을 행동자라고 말할 수 있다. 반대로 그 사람이 다른 사람의 명령에 따라 기계적으로 움직이고 있기만 한 경우, 행위자성은 인정되지 않는다.

도덕적 인격체가 갖는 책임

기업에는 의사결정을 하기 위한 조직과 규칙이 있다. 그러한 기업의 룰은 인간에게 있어서 신념에 해당한다면 법인도 신념이나 목적을 가지고 의도적으로 행동하고 있다고 간주할 수 있을 듯하다. 그러나 문제는 그러한 근거를 가지고 인간 이외에 심적 요소를 인정하게 되면 기업은 물론 극단적으로 말하면 동물도 신념이나 욕구(목적)을 찾아내서 도덕적 인격성을 인정할 수밖에 없어진다.

고양이나 개도 신념이나 욕구를 가지고 있다고 간주될 듯하기 때문이다. 실제 그런 비판을 받아 프렌치는 신념이나 욕구와는 관계가 없는

'계획'이라는 개념에 주목했다. 기업에는 반드시 계획이 있는데, 그것은 반드시 그 주체가 믿지 않아도 책정되고, 또한 욕구 등이 없어도 실행된다. 계획의 책정이나 실행에는, 신념이나 욕구 같은 심적 요소는 필요 없지만 적어도 계획의 입안자나 실행자는 그 당사자라고 할 수 있다. 기업이 이러한 계획을 시책하고 실행하는 주체인 이상 거기에 행위자성을 인정하는 것은 타당하고 그것을 기초로 도덕적 책임을 물어야 한다고 프렌치는 말하고 있다.

물론 이러한 의론에는 여러 가지 비판이 있다. 기업이라는 인간이 아닌 존재에 대해서 흡사 그것이 인간인 듯이 간주하고 책임을 지우는 것은 그렇게 간단하지 않기 때문이다. 중요한 것은 경영자가 보다 자사의 계획에 관심을 가지고 살펴봐서 불상사가 일어나지 않도록 하는 것이다. 많은 불상사는 대개 세밀히 살펴보는 수고가 부족해서 일어나는 경우가 많다. 경영자나 기업, 어느 쪽이 책임을 져야 하는가 하는 갑론을박을 하기 전에 경영자가 할 수 있는 일이 더 있을 거라고 생각한다.

Philosoper

피터 프렌치(1942년~)
미국 철학자. 윤리에 관해 폭넓게 논하였고, 특히 기업윤리를 전문으로 한다. 저서에 『기업 윤리』 등이 있다.

추천도서

모리나가 신이치로(盛永審一郎) 외 저 『지금을 살아가기 위한 윤리학』

제5장

'연결고리'를 알면
잘 풀리는 비즈니스

권리는 어디까지 주장할 수 있는가?

....

저는 냄새에 극단적으로 민감한데 특히 담배 냄새를 견딜 수가 없습니다. 담배를 피우는 사람을 보면 기분이 나빠질 정도입니다.

최근에는 음식점에서도 금연 하는 곳이 늘고 있고, 공공시설 등에서도 거의 금연이거나 흡연 장소가 분리되어 있습니다. 그런데 직장 동료가 골초여서 어쩔 수 없이 담배 냄새와 연기로 기분이 상하는 일이 생기곤 합니다.

근무 중에 담배를 피우러 가는 것도 못마땅하고 설령 근무 시간이 아닌 개인 시간에 피운다고 해도 옷이나 소지품에 냄새가 밴 상태에서 출근하는 것도 괴롭습니다.

담배 냄새를 싫어하는 것은 제 사정인 것은 알고 있습니다. 이젠 세상이 일반적으로 담배에 예민해지고 있어서 담배를 싫어하는 사람도 많을 것입니다. 담배를 피우는 사람에게 담배를 피우지 말라고 말하는 것은 안 되는 일일까요?

– 상담자로부터

기본적으로 흡연에 관한 규제는 지금까지 간접흡연의 피해 등 타자위해(他者危害)의 원칙을 기초로 논의되어 왔다. 타자위해의 원칙이란 영국의 철학자 존 스튜어트 밀John Stuart Mill이 주장한 것으로 다른 사람에게 위해를 끼치지 않는 한, 개인의 자유는 보장되어야 한다는 사고방식인데, 아마 많은 사람들이 이 생각에 동의할 것이다. 따라서 공적 공간에서의 흡연은 다른 사람에게 위해를 가한다는 이유에서 규제할 수 있다.

하지만 상담자의 의견대로 집에서 담배를 피우는 부분에 대해서는 그 사람의 자유이고 누구에게 위해를 가하는 것이 아니므로 타자위해의 원칙에 해당하지 않으므로 규제가 불가능하다.

흡연에 관한 규제

한편 자신이 좋아하는 사람이나 가족, 동료가 골초인 경우는 어떠한가? 흡연으로 폐의 기능이 저하되거나 천식 등의 건강 피해가 발생하기 때문에 이것을 이유로 가까운 사람에게 흡연을 금지하도록 하는 것은 가능할 것 같다. 전 세계에서 맹위를 떨치는 코로나 바이러스에 감염된 경우, 흡연자는 중증화되기 쉽다고 지적하고 있으므로 건강 피해는 막대하다고 할 수 있다.

이 점에 대해 오스트레일리아 출신 철학자 로버트 구딘Robert Goodin 은 공적 공간에 있어서 타자위해의 원칙이 적용되는 점을 고려하여 사적 공간의 흡연에 대해서도 규제할 수 있다고 말하고 있다.

구딘에 의하면 흡연에 관해서는 사전동의(事前同意, informed consent)가 성립하지 않기 때문에 흡연자는 불충분한 정보를 바탕으로 판단하게 되므로 흡연으로 인해 발생하는 건강 피해에 대해 책임을 지지 않는다고 말한다. 그런 점에서 흡연자의 권리를 제한하더라도 흡연

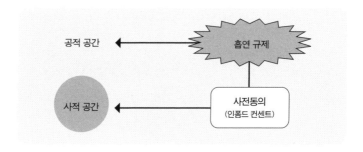

| 흡연을 규제할 수 있는가? |

공적 공간 ← 흡연 규제

사적 공간 ← 사전동의
(인폼드 컨센트)

을 그만두도록 개입할 여지가 있다는 것이다.

'인폼드 컨센트'란 의료 현장에서 사용하는 용어로, 의사가 치료 방침을 환자에게 충분히 설명하여 납득시킨 다음에 환자 스스로 치료법을 선택, 합의하는 것을 말한다.

일반적으로 흡연자는 흡연의 해악에 대해 충분한 리스크를 전달받았다고는 할 수 없다. 나는 흡연자가 아니지만 그런 교육을 받은 기억이 없고 가령 폐해를 알았다고 해도 흡연은 의존성이 강해서 반드시 자발적인 동의가 의사와의 사이에 성립되었다고 할 수 없다. 따라서 정부는 사적 공간에서 이루어지는 흡연에 관해서도 규제를 하는 것이 가능하게 되는 것이다.

이런 사고방식이 있다고 해도 상담자가 동료에게 느닷없이 금연을 요구하고 나서면 분명 싸움으로 번지고 말 것이다. 그저 흡연의 피해에 대해 넌지시 전하는 등 옳은 건강 정보 제공을 해나가면서 간접적으로 목표를 달성하는 것은 가능할지 모르겠다. 때때로 흡연자는 담배의 폐해를 알리는 정보에서는 시선을 돌리기 쉽기 때문이다.

Philosoper

로버트 구딘(1950년~)
오스트레일리아 출신의 영국 철학자. 주로 윤리를 다룬다. 『No smoking』
이라는 저서가 있다.

추천도서

고다마 사토시(児玉聡) 저 『실천 윤리학』

전체의 이익과 개인의 이익, 어느 쪽이 중요한가?

고령 운전자가 일으키는 교통사고가 사회적으로 문제가 되고 있습니다. 제 아버지는 78세여서 이제 면허증을 반납하도록 설득하려고 합니다.

다만 '운전을 그만두고 이동 수단이 없어진 고령자는 운전을 계속하는 사람과 비교해서 요양 대상자가 될 위험성이 2.2배 높다'라고 하는 연구도 있다고 합니다.

제가 아버지에게 면허를 반납하도록 해서 아버지의 건강 상태가 악화되면 어쩌나 하고 걱정입니다. 아버지는 고혈압 약을 드시는 외에는 거의 건강한 상태여서 건강이 악화되면 저의 책임입니다. 한편으로 만약 아버지가 이대로 운전을 계속해서 사고를 일으키면 사회에서 비난받을 것이라는 걱정이 더 강합니다. 그래서 결국 사회 전체의 안전을 위해서는 아버지를 면허를 반납하도록 하는 수밖에 없다고 생각합니다.

저는 어떻게 하는 것이 좋을까요?

– 상담자로부터

고령 운전자가 사고를 일으킬 때까지 운전을 계속해도 좋은가, 그렇지 않으면 고령 운전자에게 운전을 하지 못하도록 하는 부자유나 불이익을 주는 것이 좋은가.

상담자는 이 이율배반적인 딜레마에 빠져서 고민하고 있는 듯하다. 그러나 사실 이것은 결코 이율배반적인 딜레마가 아니다. 사회 전체의 행복이라는 관점을 설정하면 간단히 대답이 나오는 문제이다.

여기에서 참고가 되는 것이 영국 철학자 벤담Jeremy Bentham의 공리주의이다.

벤담은 행복한 세상을 만들기 위해서는 효용, 즉 제도나 행위의 결과로써 생기는 쾌락을 최대화할 필요가 있다고 생각했다. 왜일까?

고통과 쾌락이라는 2가지 명확한 기준이 사람의 판단을 결정한다는 기본적인 인식이 깔려 있었기 때문이다. 이것을 '공리성의 원칙'이라고 부른다.

최대 다수의 최대 행복

'공리성의 원리'에 있어서는 쾌락이 선이고 고통은 악이다. 그러므로 사람이 행복해지기 위해서는 쾌락의 양을 계산해서 쾌락이 고통을 상회하도록 하면 된다.

한편 사회 전체의 행복이란 원래 사회를 형성하는 것은 한 사람 한 사람 개인이므로 최대한 많은 개인이 행복할 수 있는 사회야말로 좋은 사회라고 생각할 수 있다. 이것을 한마디로 표현한 슬로건이 '최대 다수의 최대 행복'이라는 말이다. 가능한 한 많은 사람이 가능한 한 많은 행복을 얻을 수 있는 것이 올바른 세상이며, 이것이 벤담이 주장한 '공리주의'의 사고방식이다.

현대사회는 많든 적든 이 공리주의를 기초로 설계되어 있다. 즉 우리 사회제도가 목표하는 바는 사회 전체의 행복일 것이기 때문이다.

고령 운전자가 면허를 반납함으로써 초래되는 쾌락과 고통을 계산하면 어떻게 해야 할지 대답이 저절로 나올 것이다. 면허를 뺏기는 고령자의 불편함, 이동 수단을 뺏김으로써 건강상태가 악화될 리스크, 현 단계에서 사고를 일으킬 가능성, 이것들을 양적으로 계산해 보면 좋겠다.

정확한 수치를 산출하지 않더라도 이러한 사고방식이 판단의 도움이 되지 않을까.

상담자의 아버지처럼 건강한 고령자의 경우, 건강하게 안전 운전이 가능하다면 면허를 반납하는 것보다 운전을 계속하는 쪽이 본인도 행복하고 개인의 행복이 총화(總和)된 사회 전체의 행복도 달성될 것이라고 생각한다. 여론의 흐름에 맞춰서 뭐든지 획일적으로 적용할 필요는 없다고 생각한다. 안전 운전이 가능하다면 운전할 수 없는 부자유와 건강 악화 리스크까지 걱정해가며 꼭 면허를 반납할 필요는 없다고 생각한다. 본인이 건강 악화 등보다 안전 운전에 끼칠 영향이 더 걱정될 때가 되면 그때 면허를 반납해도 늦지 않을 것이다.

우선 필요한 것은 가족끼리 매일 긴밀한 의사소통을 해서 아버지의 건강 상태와 아버지 본인의 의지를 파악해 두는 것이 아닐까 싶다.

Philosoper

제러미 벤담(1748~1832년)

영국 철학자. 쾌락을 계산해서 행복의 양을 측정할 수 있다고 주장한 공리주의의 아버지. '최대 다수의 최대 행복'이라는 슬로건이 유명하다. 저서에 『도덕과 입법의 원칙에 대한 서론』 등이 있다.

추천도서

고다마 사토시(児玉聡) 저 『공리주의 입문』

인간은 언젠가 지구 환경을 모두 파괴하고 말 것이라 생각하는가?

근래 매년 호우로 인한 재해가 발생하고 있습니다. 그런 재해가 지구 온난화에 따른 기상 이변 현상이라고 한다면 더 이상 환경문제에 무관심할 수가 없다고 생각합니다. 그래서 무언가 나도 할 수 있는 방법이 있다면 해나가려고 생각하지만, 무엇을 해야 할지 잘 몰라서 지금까지 아무것도 하지 못하고 있습니다. 이런 자신이 한심하게 생각될 때가 있습니다.

환경 활동가인 그레타 툰베리 씨의 뉴스를 보면 질타를 받아야 할 사람이 바로 나 자신이라는 생각이 듭니다.

– 상담자로부터

확실히 세계적으로 기상 이변이 이어지고 있다. 지구 온난화의 영향이 크다고 생각되는 이상, 인류는 힘을 합하여 무언가를 해야 할 때가 된 듯하다. 미국이 기후 변동 억제에 관한 국제 협정 '파리협정'에서 이탈한 것은 매우 유감스럽다. 그래도 세계 전체로서는 SDGs(지속가능개발목표)를 내세워 최대한 대처하려고 노력하고 있다.

사상계에서는 '인신세(人新世)'라는 개념이 근래 주목받고 있다.

인신세란 지질학 용어로 지금까지 1만 년 이상 계속되어 온 완신세(完新世)가 끝나고 새로운 연대가 도래했다고 여겨지는 용어이다. 원래 영어 '안트로포센(Anthropocene, 인신세 또는 인류세)'이라는 단어는 직역하면 '인류의 시대'라는 의미이다. 게다가 큰 인기를 모았던 애니메이션 영화 「날씨의 아이」에도 안트로포센이라는 단어가 등장하므로 이를 기억하는 사람도 있을 것이다.

인신세를 살아가는 우리의 태도

이 개념은 1995년에 노벨상을 수상한 과학자 파울 크뤼천Paul Jozef Crutzen이 제안한 용어이다.

크뤼천에 의하면 글로벌한 환경에 미치는 인간의 흔적이 너무나 거대해져서 지구 시스템에 미치는 인류의 영향이 자연의 거대한 힘에 필적할 정도의 규모가 되었다고 한다. 즉 이산화탄소의 배출을 통해 인류가 지구에 큰 영향을 미치게 된 시대에 이미 돌입했다는 것이다.

그러므로 지금의 지질 연대를 '인류의 시대'라고 이름을 붙이게 된 것이다. 개인적으로는 인류가 지구를 파괴하기 시작한 시대라고 이름을 붙이고 싶지만…… 그런 시대이므로 인류 한 사람 한 사람이 지구의 복원 작업에 힘쓸 필요가 있게 되었다. 인신세라는 시대가 시작된 것은 결코 축복할 일이 아니라 오히려 인류 역사의 '끝의 시작'이라고 인식해야한다. 그렇게 생각하면 지금 요구되는 것은 이전 완신세 시대처럼 인류의 행복을 위해서라면 지구에 피해를 주어도 된다는 사고방식과는 정반대가 되는 것이다. 그것은 피해의 정도를 억누르려고 하는 정도의 대증요법 정도가 아니고 훨씬 더 지구에 플러스가 될 행동이어야 한다.

개인 차원에서도, 자연 친화적이면서 연비도 좋은 차를 운전하려는 마음가짐을 갖는다거나, 지자체나 봉사단체에 문의해서 나무 심기나 물의 정화 활동에 참가하는 행동은 바로 시작할 수 있을 것이다. 또 자신의 회사에서도 나무 심기 활동으로 사회 공헌에 참여하도록 제안해 보는 것도 좋은 방법이다.

Philosoper

파울 크뤼천(1933년~)

네덜란드 대기화학자. 노벨 화학상을 수상하였다. 전문 분야는 오존홀 연구이다.

추천도서

크리스토프 보뇌이(Christophe Bonneuil), 장바티스트 프레쏘(Jean-Baptiste Fressoz) 저 『인신세의 충격(The Shock of the Anthropocene)』

포퓰리즘의 무엇이 문제인가?

백인 경찰이 불필요한 폭력을 휘둘러서 흑인 남성이 사망한 사건이 발생했고, 그것을 계기로 미국 전역에서 항의 집회가 일어나 큰 문제가 된 적이 있습니다. 트럼프 전 대통령은 군대까지 투입해서 집회를 진압하려는 강경 자세로 대응했는데, 너무 극단적이라는 생각이 듭니다.

제 생각이지만, 트럼프 씨와 같은 정치가는 강경 자세로 나가면 지지율이 올라간다고 생각하는 것 같습니다.

전 세계를 둘러보면 마찬가지 방법으로 정권을 유지하는 정치가가 많은 듯이 느껴집니다.

– 상담자로부터

트럼프 전 대통령은 강압적인 방법을 시종 바꾸지 않았다. 왜 그렇게까지 마음에 들지 않는 사람이나 이민자에 대해 가혹한 자세를 취하는지 의문스럽게 느껴질 때도 있었다.

정말로 그의 경우만 그가 특수한 정치가였는가 하면 그렇지 않은 것도 사실이다. 유럽을 중심으로 세계에서는 트럼프 전 대통령처럼 차별과 분열의 주장을 되풀이하는 리더가 계속해서 나오고 있다. 그러므로 트럼프의 퇴장으로 모든 것이 끝난 게 아니다. 이것은 갖가지 '포퓰리즘'의 문제를 내포하고 있다.

악인을 만들어내는 방법이 만연하고 있다

포퓰리즘이란 카리스마가 있는 정치가가 민중의 불만을 잘 이용해서 인기를 얻어 정치를 마음대로 휘두르는 것을 말한다. 독일 출신의 정치 사상가 얀 베르너 뮐러Jan Werner Mueller는 다른 생각이나 도덕을 인정하려 하지 않는 '반다원주의'에서 포퓰리즘의 본질을 발견했다.

본래 민주주의는 소수자를 포함하여 다양한 입장의 목소리를 정치에 반영해서 국가를 하나로 통합하는 제도이지만, 그것이 지금 제 기능을 하지 못하고 있는 듯이 느껴진다. 본래는 전 국민의 목소리에 귀를 기울여야 하지만 일부 사람들의 목소리만 들으려는 정치가가 그 일부 사람들의 강한 후원으로 당선되는 현상이 일어나고 있기 때문이다. 그렇게 되면 목소리를 들어주지 않는 사람들은 영원히 배제되고 말며, 은혜를 입은 사람과 그렇지 않은 사람들과의 사이에 깊은 분열이 생겨난다.

그러면 어떻게 해야 할까? 포퓰리즘의 본질이 반다원주의에 있다면 한 사람 한 사람이 보다 다양한 목소리에 귀를 기울이는 태도를 갖도록 해야 한다.

포퓰리즘의 문제는 미국이나 유럽만의 이야기가 아니다. 우리에게도 예를 들면 경제가 위기에 처했을 때 '기득권에 안주하는 사람들 탓이다', '생산성이 낮은 사람들 탓이다' 따위로 일부 사람만이 원인인 듯이 주장하는 경우가 흔히 나타난다. 하지만 국가의 통합이라는 관점에서 이것은 대립과 분열을 낳는 것을 의도적으로 노린 언론 플레이라고 할 수 있다.

언론에서는 '○○당이 나쁘다'라고 단정하기 쉬운데, 그 당이나 당사자의 이야기를 들어보면, 아무리 나쁜 경우라도 당사자에게는 당사자 나름의 명분이 있어 100% 악인이라고 생각할 수 없는 경우가 대부분이다.

포퓰리즘적인 언론에 휘둘리지 않기 위해서는 입장이 다른 사람의 생각을 알거나, 그런 사람들과 사회문제에 관해 적극적으로 이야기를 할 기회를 찾아서 자신의 생각이 한 곳에 집착하지 않도록 평소에 노력하는 것이 필요하다.

포퓰리즘 언론의 여론 주도자가 주장하는 설을 그대로 받아들이는 것은 '자신의 머리로 생각한다'라는 것과는 배치되는 일이다.

'자신의 생각을 가진다'라고 하는 것은 그런 언론도 한번은 비판적으로 음미한 다음에 참고가 될 부분을 자신 나름대로 소화하고 받아들이는 과정을 거쳐 얻을 수 있는 것은 아닐까?

즉 어느 한 사람의 의견만을 받아들이는 것이 아니라 그 의견에 비판적인 사람도 포함해서 폭넓게 여러 의견을 접한 다음에 얻은 생각이 아니라면 '자신의 생각'이라고 말할 수 없을 것이다.

한 사람의 의견만 가지고 정한다면 단순히 그 사람에게 세뇌되고 있는 데에 불과하다고 할 수 있다.

그런 과정을 밟은 다음에 분명하게 확립된 '자신의 생각'을 가지고 있으면 어떤 사람이 어떤 언론을 전개하든, 어떤 정치가가 최고지도자에 오르든, 자신이 나아갈 길을 잃는 일은 없을 것이다.

자신의 생각을 가지고, 동시에 그것에 집착하지 않고 항상 다른 사람과의 대화를 통해 생각을 계속 음미해나가는, 열린 태도가 중요하다.

젊은이들의 투표율이 낮은 데서 알 수 있듯이 정치에 대한 무관심이나 체념이 현저한데, 이런 풍조야말로 포퓰리즘의 온상이 될 수도 있다는 생각을 떨쳐버릴 수가 없다.

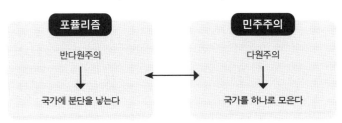

| 포퓰리즘과 민주주의 |

포퓰리즘
반다원주의
↓
국가에 분단을 낳는다

민주주의
다원주의
↓
국가를 하나로 모은다

Philosoper

얀 베르너 뮐러(1970년~)

독일 출신의 정치사상학자. 미국 프린스턴 대학 교수. 저서에 『민주주의 공부』 등이 있다.

추천도서

얀 베르너 뮐러 저 『누가 포퓰리스트인가』

로마에 가면 로마법을 따르라는 말은 과연 옳은가?

우리 주변에서 외국인 노동자의 모습을 보는 것이 이제는 평범한 풍경이 되어가고 있습니다.

제 직장에서도 외국인 채용을 시작하고 있습니다. 이슬람계 종업원이 늘어나면서 사원 식당에 할랄 메뉴를 신설하는 등 여러 가지 방안을 찾고 있습니다. 맛도 호평을 받고 있는데, 도입 전까지는 일부 사원을 위해 그렇게까지 할 필요가 있는가 하는 반대 의견도 있었다고 합니다. 이민자가 늘어나면 종교의 차이도 문제가 된다는 사실을 실감하고 있습니다.

세계에서는 종교상의 대립 때문에 각종 테러 사건이 일어난다고 하는데, 우리나라에서도 그런 일이 일어날까요?

– 상담자로부터

지금 전 세계에서는 이민 증가로 인해 종교 분포 지도가 달라지고 있다. 예를 들면 유럽에 이슬람교 신도가 늘고 있다. 또 아프리카에서는 개신교 신자가 늘고 있다고 한다. 이런 변화는 반드시 긍정적인 것만은 아니다. 어느 종교가 지배적인 지역에 이민자가 다른 종교를 가지고 들어옴으로써 종교 대립이 생겨날 가능성이 생기기 때문이다.

유럽이나 미국에 있는 이슬람교도에 대한 반발을 보면 알 수 있듯이 종교에 따라서는 그 교리의 실천이 그 지역의 세속적 생활 규칙과 충돌하는 경우가 있다.

히잡(스카프)을 두르는 것이 교리의 일부인 종교 신자가 생활 규칙상 공적인 장소에서는 머리에 두른 것을 벗어야 하는 지역에 사는 경우라면 어떻게 하면 좋은가?

다른 문화를 존중하는 태도

그래서 참고가 되는 것이 독일 철학자 위르겐 하버마스Jürgen Habermas의 공공권(公共圈, public sphere)에 관한 의론이다.

그는 이러한 경우에 특정 종교를 지지하는 종교적 시민과, 종래부터 현지에 거주하는 세속적 시민이 서로 조금씩 타협해야 한다고 말한다.

우리는 자주 '로마에 가면 로마법을 따르라'는 말을 인용하여 '여기는 한국이므로 뭐든 한국식으로 해야 한다'라는 의견을 실제로 접하는 경우가 있지만, 적어도 하버마스의 사고방식은 그것과는 좀 다르다. 거기가 어디인지가 아니라 이민자도 원래 시민도, 모두 마찬가지로 '공공권'을 형성하는 시민으로 다루기 때문이다. 게다가 '공공권'이란 '각 개인이 다른 사람과 서로 연관이 있는 사회를 형성하는 제도적인 장소'라는 의미로 유럽 철학에서 자주 사용되는 용어다. 각 개인의 사생활영역인 '사권(私圈)' 혹은 '친밀권'과 대비되는 용어다.

하버마스는 이 '공공권'을 전제로, 이민 등의 이유로 원래 시민들의 세속적인 생활 규칙과는 다른 종교를 신앙하는 집단을 '종교적 시민'이라 부르고, 특히 다음과 같은 3가지를 요구한다.

'서로 경합하는 종교와는 도리에 맞는 형태로 관계할 것'
'일상적 지식에 관한 결정을 보편적인 과학에 일임할 것'
'인권이라는 도덕률이 정한 평등주의의 전제를 종교적 신조와 양립시킬 것'

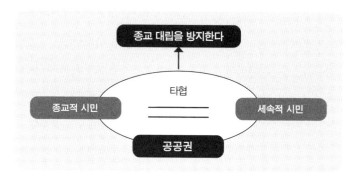

| 공공권에 있어서의 대처 방법 |

종교 대립을 방지한다

타협

종교적 시민　　　공공권　　　세속적 시민

　　알기 쉽게 말하면 다른 종교를 합리적 그리고 과학적 기준을 가지고 이해하고, 인권적 측면에서도 배려해야 한다는 것이다. 물론 이러한 요건을 만족시키는 것이 특정 종교의 교리에 반하는 경우도 있을 수 있다. 과학적으로 생각해서 히잡을 벗어야 한다고 할 가능성도 제로가 아니므로 하버마스에 의한 3가지 원칙에도 반론이 있을 수있다.

　　다만, 이 3원칙은 어디까지나 '공공권'에 있어서의 대처 방법을 기술한 것에 불과하다는 점에 주의가 필요하다.

　　'사권' 즉 개인의 사생활까지 이 룰을 가지고 적용하지 않는다는 점을 전제로 하기 때문에 '타협'의 여지가 있다. 한편 원 거주자인 '세속적 시민' 쪽에도 마찬가지 타협이 요구된다. 세속적 시민과 종교적 시민 사이에 테러나 폭력 행위가 일어나는 등 위험성을 내포하는 대립이 예상될 때는 룰을 엄정하게 적용해 충돌을 피해야 한다. 그러나 그런 경우 이외에는 룰의 적용에 대해 상호간에 타협하고 관용적이어야 한다.

좀 전에 이슬람교도의 히잡을 예로 들었는데, 히잡의 착용으로 인해 위험이 발생하지 않는다면 공공장소나 사무실 등에서 히잡의 착용을 인정해야 한다. 당사자끼리 기탄없이 서로 이야기하는 장을 만들어 예외적인 경우에는 새로운 룰을 정해 나갈 필요가 있다.

사회생활에서 종교 이야기를 터부시하기 쉽지만, 사실상 해외 근로자 유입이 대세인 이상 이것은 피해갈 수 없는 화제이기도 하다. 다른 종교를 가진 사람들과 꼭 대화하여 같이 문제 해결에 나서는 것은 어떨까?

Philosoper

위르겐 하버마스(1929년~)

독일 철학자. 근대의 이성은 대화적 이성과 대치되는 도구적 이성이라고 비판하고, 토론을 통해 합의를 지향하는 것이 중요함을 호소했다. 저서에 『의사소통 행위이론』 등이 있다.

추천도서

위르겐 하버마스 외 저 『공공권에 도전하는 종교』

자본주의는 악덕 사상인가?

한국 영화 「기생충」이 아카데미상 작품상 등을 수상했습니다.

영화에서는 빈부 격차를 테마로 다루고 있는데, 현실 생활도 비슷하다고 느꼈습니다.

부잣집에 태어난 사람은 좋은 교육을 받아 더욱 부자가 되어갑니다.

한편 가난한 가정에서 태어나면 교육을 받을 기회가 적기 때문에 수입이 낮은 직업을 갖게 됩니다.

같은 일을 해도 대기업과 하청업, 정사원과 계약사원, 파견직원 사이에는 수입 면에서 큰 차이가 있습니다.

이런 사회가 된 원인은 도대체 무엇일까요?

자본주의를 채용한 이상 어쩔 수 없는 일일까요?

- 상담자로부터

자본주의는 현실 세계에 갖가지 부작용을 초래한다. 화석연료의 과도한 사용으로 지구 온난화 등도 화제가 되고 있지만, 자본주의에 내포된 '모순' 중 으뜸가는 것은 역시 '부의 편재' 즉, 빈부 격차의 문제일 것이다.

프랑스 경제학자인 토마 피케티Thomas Piketty가 쓴 『21세기 자본』이라는 책이 일찍이 화제가 되었다. 피케티가 증명한 것은 '부자는 점점 부자가 된다'이며, 이는 민주주의를 내건 국가들로서는 매우 난처한 법칙

일 수밖에 없다. 다른 한편에서는, 열심히 일해서 돈을 벌면 누구나 윤택해질 수 있다는 것이 자본주의를 성장으로 이끌어온 원동력이기도 했으니까 말이다.

세계적으로 부자와 가난한 사람의 격차가 현저하게 벌어진 가운데 가난한 사람은 '열심히 일하는 것을 포기했다'라는 편견에 가득찬 시선을 받기 십상이다. 어떻게든 자본주의가 초래한 제반 문제를 해결하는 것은 불가능할까? 그렇다고 해도 자본주의를 대신할 대체 수단은 아직 발견되고 있지 않다.

자본주의를 본질적으로 바꾸는 '가속주의'

사회주의 이상을 내걸고 자본주의에 반대하는 사람도 있지만, 그 주장이 현실적이지 못하다고 비판당하기 십상이다.

과연 자본주의 그 자체를 변혁하는 것은 가능할까?

현대사상 분야에서 지금 화제가 되고 있는 것이 '가속주의'라는 사상이다. 최근 10년 정도 사이에 인터넷상에서 대두한 최신 철학이라고 해도 좋을 것이다. 가속주의란 테크놀로지를 사용하여 자본주의의 진보를 가속시킴으로써 현상의 문제점을 표면화하여 세계가 직면한 막다른 길에서 탈출을 부르짖는 입장을 말한다. 자본주의에 대해 분노를 느끼는 사람이 많이 있지만, 그렇다고 해도 일찍이 공산주의 국가가 걸어온 운명에서도 알 수 있듯이 자본주의의 바깥에서 그 모순을 해결하려는 시도는 '백계무책(百計無策)'이라고 할 수 있는 상황이다.

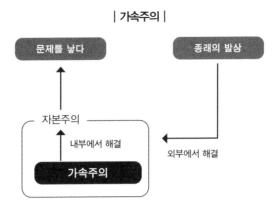

| 가속주의 |

문제를 낳다

종래의 발상

자본주의

내부에서 해결

가속주의

외부에서 해결

　그러면 남은 선택은 자본주의의 내부에서 문제를 해결하는 수밖에 없다. 가속주의가 목표로 하는 것은 바로 그러한 방향이다.

　가속주의에도 여러 가지 입장이 있는데, 캐나다 출신 사상사 닉 스르니첵Nick Srnicek 등은 2011년에 미국에서 일어난 '월가(Wall Street)를 점령하라'와 같은 플래카드를 내걸고 데모하는 아날로그적 전술을 통렬하게 비판했다. 그 위에 테크놀로지 시점 등에서 과학적으로 연구하여 자본주의나 경제를 발전시키는 것 외에는 방도가 없다고 설명한다. 그래서 미래를 적극적으로 구축해나가는 것을 목표로 한다.

　구체적으로는 AI(인공지능)와 같은 테크놀로지의 힘으로 노동 시간을 줄이고 그 대신 인간은 자유를 얻게 되도록 말이다. 이른바 인간과 기술이 공존하는 '포스트 자본주의'를 상정하는 것이다.

　테크놀로지에 의해 자본주의를 가속시켜 그 문제를 극복해나간다는 발상은 오히려 비즈니스적 발상이라고 해도 과언이 아니다. 이것이 궁지에 몰린 자본주의 문제에 대한, 현실적인 대응인 것만은 틀림이 없을 것이다. 분명 자본주의가 현시점에서 빈부 격차의 확대라는 문제를 내포하고 있어 영화 「기생충」과 같은 사회를 현실화하고 있는 것이 사실이기 때문이다. 그런 사회의 현실을 눈앞에 두고 자본주의에 회의적이거나 또는 자신의 일이 그런 자본주의의 악행에 가담하는 듯이 느껴지거나 하는 것도 자주 있는 일이다.

하지만 앞에서 말한 이유처럼 자본주의를 다른 대체 수단으로 바꿀 수 없는 이상 내부에서 바꿔나가는 수밖에 없다. 그러한 '내부에서 변혁'은 그 본질상 자본주의를 긍정하는 데에서 시작해야 한다. 자본주의 그 자체나 자본주의에 직접 관련이 있는 자신의 일을 부정적으로만 볼 것이 아니라 그것을 통해서 어떻게 세상을 더 좋은 방향으로 인도해 나갈 수 있을까 하는 발상을 갖는 것이 좋겠다.

Philosoper

닉 스르니첵(1982년~)

캐나다 출신 철학자. 알렉스 윌리엄스와 함께 인터넷상에서 발표한 "가속파 정치선언"으로 알려지게 되었다. 저서에 알렉스 윌리엄스와 공저인 『미래를 발명한다』 등이 있다.

추천도서

『현대사상』(2019년 6월호) 「특집 가속주의」

예술은 사회에 도움이 되는가?

....

우리나라에서는 아티스트가 정치적인 발언을 하면 문제시되기 쉽다는 생각

이 듭니다.

뮤지션의 정치적 트위트에 비방이 쇄도했던 일이나, 아이치 트리엔날레 사건

(일본 아이치 현에서 3년마다 열리는 국제예술제에서, 2019년 '표현의 부자유'이라는

기획전이 열려 한국의 '평화의 소녀상' 등이 전시되었으나 항의가 빗발쳐 전시가 중시

된 사건-옮긴이) 이후 정치색을 띤 예술에는 엄격한 눈으로 주시하는 경향이

있습니다.

저는 사회적 다큐멘터리 영화를 좋아해서 자주 보기 때문에 예술이 정치를

언급하는 데에 위화감이 없어 이런 상황이 오히려 이상합니다.

어떻게 하면 예술의 메시지를 많은 사람이 이해해 줄까요?

– 상담자로부터

나도 사회적 영화를 매우 좋아한다. 단순히 뉴스 보도를 통해 볼 때는

인상에 남지 않는 내용이라도 예술 작품을 통해서 접하면 인물이나 풍경

등이 머리에 각인되어 더한층 깊은 의미를 이해하고 생각하게 된다.

그러므로 상담자의 취지에 나도 동감하고 특히 일본에서는 예술을

존중하는 의식이 보다 중시되기를 바라는 마음이다.

이러한 점은 독일 철학자 보리스 그로이Boris Groys가 '예술의 힘'이라

는 개념을 제기함으로써 예술과 공공성에 관해 의론을 전개하고 있다.

그는 예술은 공공(公共) 공간을 향한 발언이라고 말한다. 물론 TV 등의 미디어도 공공 공간을 향한 발언이지만, 거기서는 지금 일어나는 일에 관한 현상(이미지)만 우리들에게 보여 주는 것이라고 그는 주장한다.

예술만이 할 수 있는 역할

예를 들면 TV 뉴스가 빈곤 문제를 보도할 때는 빈곤층 사람들의 고통을 전달하기 위해 그들의 생활 모습을 촬영하여 방영한다.

그것을 본 시청자가 가령 빈곤 문제에 관심을 가지고 그런 상황을 바꾸고자 여겨도 보도된 것은 '빈곤 때문에 매일의 생활이 괴롭다'는 것뿐이므로 재정 면에서 그들의 생활을 도와주면 그것으로 문제가 해결된다고 생각하기 쉽다.

이러한 미디어에 비해 예술의 경우는 지금 시대를 역사적인 배경과 비교한 형태로 평가할 수 있다고 그로이는 말한다. 예를 들면 사람들의 만취 상태를 그린, 윌리엄 호가스William Hogarth의 판화 「진 거리(독한 술인 진에 취해서 저지르는 모든 악행들을 폭로한 교훈적인 판화―옮긴이)」라는 작품이 있다. 이것은 산업혁명 직후 슬럼가를 묘사한 그림으로, 술 뒤끝이 나쁜 싼 술만 마시는 사람들의 존재를 표현하여, 빈부 격차에 잠재하는 보편적인 문제를 깨닫게 하기 위한 배경을 가지고 있다.

눈에 보이는 표면적인 문제만이 아니라 배후 구조에 눈을 향하게 하

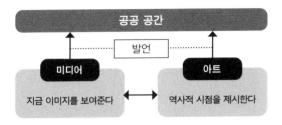

| 아트와 미디어 |

공공 공간

발언

미디어
지금 이미지를 보여준다

아트
역사적 시점을 제시한다

는 예술의 힘에 의해서 이 작품을 본 사람은 빈부 격차 문제를 좀더 근본적인 차원에서 파악해야 한다고 자연스럽게 생각하게 된다.

적어도 TV가 그려낸 사람들에게 금전적 지원을 하면 빈곤 문제는 해결된다는 식의 단순한 발상에서 끝나는 일은 없다. 즉 예술과 미디어는 다른 기능을 가지고 있어 예술만이 가능한 문제의 표현이 있다.

이런 인식을 가지면 더 예술을 중시하게 될 것이다. 일본에서 예술을 경시하는 풍조가 있다고 느끼는 것은 예술이 가진 이 파워에 대해 나라 전체 차원에서는 아직 깨닫지 못하기 때문일 것이다.

부디 사람들이 예술의 힘을 깨달을 수 있도록 상담자도 협력해 주었으면 좋겠다. 관람한 영화를 사회문제와 결부시켜 주위 사람들과 이야기하거나, 가족과 미술관에 가서 작품의 의미에 대해 이야기해보는 등 평소에 실천해 보는 것도 좋을 것이다.

보리스 그로이(1947년~)

독일 철학자. 예술과 사회와의 관계에 대해 적극적으로 논하고 있다. 또한 큐레이터로서도 활약한다. 저서에『스탈린의 아방가르드와 현대성』등이 있다.

추천도서

보리스 그로이 저『아트 파워』

교양이 필요한 이유는 무엇인가?

우리가 일을 하는 데에 PC 지식이나 프로그래밍 기술은 분명히 중요합니다. 특히 외국인 회사가 아니더라도 영어를 비롯해 어학 능력이 업무에 요구되는 시대이기도 합니다. 하지만 사람의 일생에는 그런 실용적인 기능만이 아니라 교양도 필요하지 않을까요. 사회적으로 지위가 높고 돈을 많이 가졌어도 고전 명작 하나 읽은 적인 없는 사람, 책을 읽으려 해도 읽을 수 없는 사람이 너무 많다는 생각이 듭니다. 그래서 순간적으로 욱하는 사람이 많고 인격적으로 치졸하며, 이러한 사람들은 리더로서도 미덥지 못하다는 생각이 듭니다.

– 상담자로부터

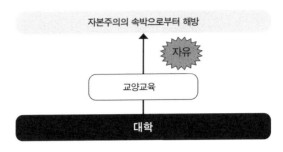

| 교양과목 교육 |

자본주의의 속박으로부터 해방

자유

교양교육

대학

지금, 대학들은 직업훈련 학교화되어 가고 있다. 비즈니스 스쿨과 같은 학부가 점점 개설되어 종래의 교양교육, 이른바 '리버럴 아트(원래 고대 그리스에서 자유민의 교양에 필요하다고 여긴 과목. 신학 외에 문법, 수사학, 변증법, 산술, 기하학, 천문학, 음악의 7개 과목을 가리킴-옮긴이)' 교육이 사라지고 있는 상태이다.

본래 대학이란 직무에 필요한 기능만을 공부하는 장이 아니었을 것이다. 사회인으로서 살아가기 위해서 기초적인 지식은 고등학교까지에서 익혔을 테고, 반대로 보다 고도의 직업적 전문지식이나 기능은 MBA(경영학 석사)나 로스쿨처럼, 그것을 목적으로 한 대학원에서 배우는 것이 맞다고 생각한다.

직업훈련 학교에는 없는 대학의 역할

이것을 논하는 이는 미국 철학자 게리 거팅Gary Michael Gutting이다.

그는 대학에서 교양과목 교육을 '자본주의에 속박당하지 않기 위한 대책'이라고 규정하고 있다.

리버럴 아트란 원래 '자유'를 의미하는 말인데, 리버럴 아트 즉 '교양교육'이란 그야말로 자본주의로부터 자유로워지기 위한 교육이라고 그는 말한다. 거팅에 의하면 대학이 교양교육을 통해서 자립한 자유로운 인격을 양성하는 기관임을 그만둔다면 일부러 학문 연구 전문가를 교수에 앉힐 의미가 없다고 말한다. 대학을 직업훈련 학교라고 규정하면 직업의 전문가가 교수가 되면 그만인 것이다.

대학은 어디까지나 고도의 지성과 정신을 갖추기 위해 단순한 기술이 아니라 '지식을 위한 지식'을 익히는 장소고, '수단으로서의 지식'은 고교까지 익히면 된다. 그러기 위해서는 오히려 고교까지의 교육 수준을 올려서 대학에서는 교양교육에 전념할 수 있도록 해야 한다고 제안하고 있다. 그렇게 함으로써 비로소 교양 있는 인재가 육성되는 것이다.

진정한 교양이란 사상의 탐구와 창조적인 상상력을 가능하게 하기 위한 토양이며, 자본주의에 있어서 인간이 '노동을 제공하는 상품'으로서의 가치만 가진 상황에서 사람들을 자유롭게 하는 무기라고 거팅은 주장한다.

자본주의에 속박당하면 인간은 눈앞의 이익만 고집하게 된다. 그때 교양이 있으면 기존의 가치관을 뒤집고 주어진 룰을 근본적으로 변경하는 것이 가능해진다.

대학에 있으면 잘 알 수 있는데, 학생의 취업률이 신경이 쓰이므로 대학 관계자들은 여러 면에서 기업의 안색을 살피기 마련이다. 현재 우리

대학들의 현황은 거팅이 말하듯이 '주어진 룰을 뒤집어엎을 만한 인재'
를 키우고 있지 못하고 있는 듯하다.

상담자의 문제의식은 지금까지 대학이 교양인 육성에 실패해 온 지
적이기도 하다. 그러므로 이런 목소리를 보다 적극적으로 제시해 주면
대학 교육도 분명 바뀌어나갈 것이다. 한편으로 기업에서도 졸업자를 채
용할 때에 기능만이 아니라 꼭 교양을 가늠할 수 있도록 시험해 주었으
면 한다.

Philosoper

게리 거팅(1942~2019년)

미국 철학자. 뉴욕 타임즈의 인기 칼럼리스트로서도 활약했다.

추천도서

게리 거팅 저 『철학은 무엇이 가능한가(What Philosophy Can Do)』

왜 미디어에 속는가?

저는 뉴스를 인터넷으로 봅니다.

신문이나 TV보다 SNS를 통해 접하는 쪽이 빠르고 매스컴은 편견이 깔린

보도라서 신뢰할 수가 없다고 생각합니다. 다만 인터넷의 정보는 옥석이 혼재되어 거짓 정보도 많을 것이라는 생각은 듭니다.

- 상담자로부터

최근에는 세대에 관계없이 인터넷으로 뉴스를 보는 사람이 늘고 있다. 특히 SNS에서 흘러나오는 속보 뉴스나 눈길을 끄는 제목의 정보가 있으면 쉽게 열어보게 된다. 그러나 그런 정보를 어디까지 신뢰하면 좋을지, 걱정도 되리라 생각한다. 가짜 뉴스나 유언비어 혹은 한쪽에 치우친 의견 등이 마구 엉켜 있기 때문이다.

지금 우리들은 다양화된 미디어와 어떻게 교류해 나가면 좋을까?

이 문제를 생각하기 위해서는 역시 미디어 연구의 창시자라고 할 수 있는 캐나다 사상가 마셜 매클루언Marshall McLuhan을 참고하면 좋겠다.

그의 가장 유명한 말은 '미디어는 메시지다'라는 말이다.

핫 미디어와 쿨 미디어

이것은 제각기 뉴스의 내용을 따지기 이전에 미디어의 형식 자체가 사람들의 행동을 바꿀 수 있는 '메시지'로서 기능하며 개개의 뉴스 내용이 사람들에게 영향을 준다는 사실을 지적한 것이다.

예를 들면 대표적인 SNS인 트위터Twitter에는 글자 수의 제한이 있는데, 이 제한은 트위터를 통해서 전달되고 있는 정보의 내용이나 질과 밀접한 관계가 있다.

이것은 선악을 묻는 듯한 이야기가 아니라 좋든 싫든 미디어란 그런 것이라는 지적이다. 우리들은 마치 미디어가 '있는 그대로의 진실'을 전달하고 있는 듯이 생각하지만 진실은 그렇지 않다. 같은 내용의 정보라도 신문이나 TV, 인터넷 등 각 미디어마다 형식이 다르기 때문에 정보의 '전달 방식'이 다르다.

매클루언은 각각의 미디어에 대해 '핫hot'과 '쿨cool'이라는 개념을 사용하여 분석한다. '핫'은 정보가 많고 수신자의 참여 정도가 낮은 미디어다. 그러므로 그대로 받아들이기 쉽다. 반대로 '쿨'은 정보가 적고, 수신자의 참여 정도가 높은 미디어다. 그러므로 상상을 부풀리기 쉽다.

구체적으로는 라디오는 핫이지만 전화는 쿨이라고 매클루언은 말한다. 또 영화는 핫이지만 TV는 쿨이라고 했다. 당시 인터넷은 아직 없었지만, 정보가 많은 점으로는 인터넷은 핫에 해당할 것이다. 하지만 참가 정도는 쌍방향 미디어이므로 어느 쪽으로 분류해도 무방할 듯하다. 지금 TV는 정보가 많은 점에서는 핫으로 분류될 수 있을 거 같다. 그렇기 때문에 그대로 받아들이기 쉽다.

따라서 제각기 미디어의 특성을 잘 파악한 다음에 출처가 명확한 것, 발신자의 신뢰도 등을 가미하여 여러 종류의 미디어를 통해 정보를 얻고, 그것을 종합하여, 핫도 쿨도 아닌 '안성맞춤'의 상태를 모색하여 자신 나름의 정보원을 확립해나가는 것이 좋을 것이다.

Philosoper

마셜 매클루언(1911~1980년)

캐나다 출신 영문학자, 문명 비평가. 미디어 연구로 유명하다. 인터넷 시대
의 예언자라고도 칭한다. 저서에 『미디어론』 등이 있다.

추천도서

핫토리 가쓰라(服部桂) 저 『매클루언은 메시지다』

테크놀로지의 진화는 인류를 행복하게 하는가?

의료의 발전은 좋은 일인 듯 여겨지기 쉽지만, 과연 그럴까요.

AR(증강현실)을 투영하기 위해 렌즈를 안구에 이식하거나 게놈(유전정보) 편
집을 통해 외모를 편집하는 기술이 발달하고 있다는 사실을 들으면 솔직히
소름이 끼칩니다.

- 상담자로부터

테크놀로지의 진화는 필연적으로 인간의 진화를 가져온다. 초능력에
대한 동경과도 상통한다고 여겨지는데, 현실과 벗어난 능력을 추구하는
마음은 인간의 천성이라고도 할 수 있다.

이것은 이른바 '인간초월주의' 혹은 '트랜스휴머니즘'이라고 불리는 문제인데, 이런 인간의 능력을 확장시키고자 하는 시도 자체를 저지하는 것은 간단하지 않다. 따라서 문제는 트랜스휴머니즘을 어떻게 받아들여 어떻게 컨트롤해나갈 것인가 하는 데에 있다.

그 점에서 참고가 되는 것이 스웨덴 출신 철학자 닉 보스트롬Niklas Boström의 사상이다.

인간은 트랜스휴머니즘을 추구한다

닉 보스트롬은 세계 트랜스휴머니스트 협회를 창설하고 이 의론을 견인하고 있는 인물이다.

과학이나 의료의 발전 덕분에 이미 인류는 신체 능력을 비약적으로 확장할 가능성을 갖게 되었다. 이에 대해 보스트롬은 기본적으로 인간의 진화는 좋은 일이라고 보고 이 인간 확장의 사고방식을 추진한다. 그는 의료의 발전을 부정하는 사람이 없는 점을 증거로 제시하며 자신의 의견을 전개하고 있다. 현대사회에서 의료의 발전은 멈추게 할 수가 없기 때문에, 앞으로도 계속 진화를 이어갈 것이라고 생각하는데, 그 연장선상에서 신체의 진화가 가능하다는 것이다. 우리들이 생각해야 할 것은 신체의 진화에 수반되어 나타나는 새로운 세계와 어떻게 대치할 것인가 하는 방법의 문제이다.

그는 누구나 그런 신체 진화 기술의 혜택을 받을 수 있는 상황을 만들 수 있을지 아닐지가 중요한 열쇠를 쥐고 있다고 말한다. 국적이나 경제적 상황에 상관없이 누구나 평등하게 인간 확장에 따른 진화의 기회가 주어질 필요가 있다는 것이다. 그렇지 않으면 새로운 차별이나 새로운 인종 대립과 같은 문제가 생길 수 있기 때문이다.

나치스 독일이 그 전형인데, 일찍이 인류는 우생 사상이라는 이름하에 장애인을 차별하거나 배제해왔다. 그런 의미에서 우수한 인간을 만들어내는 것은 대립의 불씨가 될 위험성을 내포하고 있다.

결국 우리들이 우려해야 할 것은 인간끼리의 평등성이라는 기본적인 문제이다. 일견 테크놀로지의 세계와는 관계없는 듯이 여겨질지 모르지만, 상담자가 우려하는 중요한 포인트는 의료기술이나 신체 확장 기술의 진화 그 자체라기보다 그 기술의 악영향은 없는가 하는 점이라고 생각한다. 그런 악영향이라 함은 일부 사람만이 인간 진화의 혜택을 받는 일 따위가 있어서는 안 된다는 것이다.

그 근심을 불식시키기 위해서도 평소에 주변의 작은 불평등이나 차별에도 민감해지는 것이 중요하다고 생각한다.

Philosoper

닉 보스트롬(1973년~)

스웨덴 철학자. 트랜스휴머니즘에 대해 미디어에서도 활발하게 의견을 개진하고 있다. 세계 트랜스휴머니스트협회를 창립하고 회장을 맡고 있다.

추천도서

닉 보스트롬 저 『슈퍼인텔리전스』

세계 리셋은 가능한가?

....

2021년 세계경제포럼(다보스포럼)의 테마는 '그레이트 리셋'이었습니다.
코로나 바이러스의 팬데믹을 체험한 세계는 가치관을 근본적으로 리셋해서
새로운 시대에 대응해 나가야 한다는 의미인 듯합니다.
가치관을 리셋한다고 하면 저처럼 나이든 세대가 대상이 되어 사회로부터 배
척되고 말 듯한 기분이 듭니다만……

– 상담자로부터

원래 그레이트 리셋이란, 이 말을 고안해 낸 리처드 플로리다Richard
Florida에 의하면 '대불황 후 사회 회복의 기회'라는 의미라고 한다.

리처드 플로리다는 미국 출신의 사회학자로 도시론으로 알려진 사상
가이다.

2021년 다보스포럼의 테마가 그레이트 리셋으로 결정되었다는 뉴스
를 듣기 직전, 나도 플로리다의 말을 머리에 떠올리고 있었다. 여러 기업
에서 비즈니스 철학 연수를 실시하고 있으면 항상 위드 코로나 시대의
사회를 어떻게 파악해야 할지에 직면할 수밖에 없었기 때문이다.

내가 처음 이 말을 접한 것은 2010년에 출간된 플로리다의 같은 책
제목이었다. 플로리다는 과거 150년 사이에 적어도 3번은 그레이트 리
셋이 있었다고 말한다.

첫 번째와 두 번째는 대공황이 일어난 1870년대와 1930년대이다. 그리고 세 번째는 2008년 리먼 사태였다고 한다.

세 번째 리셋이 있은 후에 이 책을 발표한 그는 향후의 처방전을 제시했다.

책에서 밝힌 제1원칙은 모든 인간을 크리에이티브한 존재로 재인식하는 것이다. 그 점을 중시하면 사회는 위기를 극복하고 좋은 방향으로 리셋할 수 있다고 한다.

뉴노멀의 주역들

재미있는 점은 리셋 후에 다음세대를 짊어질 사람들을 플로리다는 '뉴노멀'이라고 부른다는 점이다.

앞에서 밝힌 바와 같이 플로리다의 책이 출간된 것은 2010년이었는데, 기묘하게도 이 '뉴노멀'이라는 단어는 지금 우리들이 위드 코로나 시대의 생활 방식으로 사용하고 있다. 새로운 일상, 새로운 생활양식이라는 의미이다.

플로리다 자신은 이 말을 '기동성과 유연성을 중시하며 도시생활을 영위하는 사람들'이라는 의미로 사용한 것이었으나 지금까지와는 다른 새로운 가치관에 따라 살아간다는 점에서는 지금의 우리들 상황과 같다. 그레이트 리셋 후에는 새로운 가치관에 근거한 새로운 생활양식이 요구된다.

지금 우리들은 코로나에 의해 네 번째가 되는 그레이트 리셋의 기회를 맞이하고 있다.

사회가 지금부터 어떻게 되어갈지 확실히는 모르지만, 플로리다가 말한 대로 우리들이 사회나 환경에 대해 안티테제를 가지며 새로운 가치관을 구축할 수 있는 크리에이티브한 존재임을 의식하면 어떤 상황이어도 분명 돌파구를 열어갈 수 있을 것이다.

Philosoper

리처드 플로리다(1957년~)

미국 출신 사회학자. 전문 분야는 도시사회학이다. 크리에이티브 클래스라는 새로운 엘리트층이 도시에 집적하여 세상을 주도해 나간다고 주장한다. 저서에 『후즈 유어 시티』 등이 있다.

추천도서

리처드 플로리다 저 『그레이트 리셋』

스마트폰은 과연 사람을 행복하게 하는가?

저는 딸아이에게 스마트폰을 사용하게 해도 될지 망설이고 있습니다.

지금 시대에 스마트폰을 잘 다루는 것은 필요불가결하다고 생각하고, 적극적으로 정보교육도 해나가려고 생각하고 있습니다.

하지만 한편으로는 딸아이가 뭔가 트러블에 말려들거나 나쁜 정보를 접하는 건 아닐까 불안합니다. 유명인이 SNS상의 중상모략과 비방을 괴로워하다가 자살한 사건도 있었으므로 예민한 시기에 온갖 욕설이 난무하는 세계를 보여주고 싶지 않은 마음도 있습니다.

– 상담자로부터

테크놀로지는 얼핏 보면 진보인 듯이 여겨지기 쉽지만, 냉정하게 보면 여러 가지 문제를 일으키기도 한다. 상담자가 지적하고 있듯이 SNS는 모두를 연결해주는 좋은 도구라는 점과 중상모략과 비방이 반복되고 집단 폭력이 펼쳐지는 장이라는 무서운 면이 함께 존재한다.

테크놀로지가 사람을 행복하게 해준다고 단순하게 생각해도 될까? 거기에 참고가 되는 것이 일찍이 테크놀로지의 본질에 경종을 울렸던 철학자 한스 요나스Hans Jonas의 사상이다.

테크놀로지의 다양성

그는 테크놀로지의 본질이 근대 이후에 크게 변질되었다고 지적하고 있다. 근대 이전에는 테크놀로지의 목적이 분명했다. 어떤 목적을 실현하기 위한 도구가 테크놀로지였는데, 그것에 비해 근대 이후는 테크놀로지의 목적이 없어졌다고 말하고 있다.

예를 들면 근대 이전에는 못을 박기 위해 망치라는 테크놀로지를 개발했다. 그러나 근대 이후는 그런 개별적인 목적을 넘어서 무조건 개량을 요구하는 채로 본래 목적 이외에도 다양한 기능을 겸비한 테크놀로지로 발전해 나갔다고 그는 지적하고 있다.

스마트폰의 다기능 방식만 봐도 원래는 그것이 휴대전화였다고 생각하면 그의 지적은 분명히 옳다.

스마트폰은 그 다양한 기능 때문에 많은 불편을 해소해주는 테크놀로지지만, 거기서 그치지 않고 그 기능을 점점 계속 진화시키고 있다. 이런 테크놀로지에 이제 와서 최종적인 목적 따위는 없어졌다. 그러나 그렇게 되면 테크놀로지는 골인 지점이 없는 채로 영원히 계속 발전해 나가게 된다.

문제는 그 발전의 프로세스에 있어서 때때로 사람들을 불행하게 만들기도 한다는 점이다. 목적을 모른 채 무작정 계속 발전한 결과 정신을 차려보니 결과는 인간에 있어서 마이너스 결과를 초래하고 있었다는 경우도 있을 수 있다. 이런 사태를 피하기 위해 요나스는 '미래에 대한 책임'이 필요하다고 말한다. 앞으로 어떻게 될지를 똑똑히 따져서 테크놀로지를 개발한다면 테크놀로지의 무질서한 발전이 비극을 초래하는 일을 막을 수 있는 것이다.

스마트폰에 관해서도 발전을 멈추게 하기는 어려워도 사용하는 방법을 제한하는 것은 가능할 것이다. 테크놀로지에 대해 사용하는 쪽이 미래를 의식하는 태도로 접근한다면 트러블은 분명 회피할 수 있을 거라고 생각한다.

Philosoper
한스 요나스(1903~1993년)

독일 출신 철학자. 하이데거의 제자. 근대기술이 인간에게 미치는 영향 및 그와 관계된 윤리에 대해 논했다. 저서에 『책임의 원칙』 등이 있다.

추천도서

도야 히로시(戸谷洋志) 저 『한스 요나스를 읽다』

'어차피 세상은 바뀌지 않는다'는 말은 사실인가?

....

저에게는 5년 동안 집에서 두문불출하는 조카가 있습니다.

본인은 '자신에게 맞는 일이 있으면 취직한다'라고 말하고 있지만, 지금까지는 행동으로 옮기지 않는 눈치입니다.

조카와의 관계에 지친 탓인지 그 모친은 우울증에 걸렸습니다. 제부(여동생의 남편)은 회사일을 이유로 가족과는 거리를 두려고 하는 것 같습니다.

제 아이는 아니지만 조카의 가정환경이 걱정이 돼서 견딜 수가 없습니다.

저는 외삼촌에 불과하지만, 뭔가 할 수 있는 일이 없을까요?

– 상담자로부터

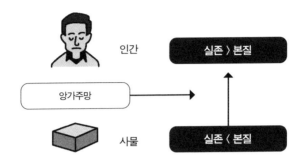

| 실존주의 |

인간

앙가주망 →

사물

실존 〉 본질

실존 〈 본질

조카가 장기간에 걸쳐 은둔형 외톨이 상태에 있고, 그 영향인지 모친인 여동생이 우울증에 걸린 상황…… 이것은 분명히 큰일이다. 장기간에 걸친 은둔형 외톨이 생활도, 우울증도 바로 간단히 나을 수 있는 것이 아니므로 자신이 뭔가 할 수 있을까 하고 상담자가 고민하는 것도 이해가 된다. 인간은 사태를 타개하고 전진해나갈 수 있는 생물이다.

그 점에서 참고가 되는 것이 프랑스 철학자 사르트르Jean Paul Sartre 의 실존주의이다. 사르트르는 사물과 인간을 비교하며, 인간의 경우만 '실존은 본질에 앞선다'라고 주장했다.

여기에서 실존이란 존재를 말하며, 본질이란 운명과 같은 것을 말한다. 그러므로 말의 의미는 '인간의 존재는 운명에 우선한다'라는 뜻이 된다. 즉 우리들의 운명은 태어나기 전에 정해져 있는 것이 아니라 노력 여하에 따라 얼마든지 바꿔나갈 수 있는 것이 인간이라는 존재다.

인간의 '행동력'이라는 거대한 힘

거기에 비해서 '사물'의 경우는 미리 운명이 정해져 있다. 사물이 마음대로 무언가로 바뀌거나 사물이 스스로 움직여 사회를 바꾸거나 하는 일은 없다. 인간만이 자기 자신을 바꾸고 사회를 바꾸어나가는 힘을 가지고 있는 것이다.

사르트르는 '앙가주망engagement 하라'라고 부르짖었다.

앙가주망이란 '정치, 사회 문제에 관심을 가지고 적극적으로 참여한다'라는 의미의 프랑스어, 철학 용어이다. 그의 주장대로 사르트르도 적극적으로 정치 운동에 몸을 던져 사회를 바꾸려고 했다. 하지만 제2차 세계대전이나 프랑스의 아프리카 식민지 지배 현실 등, 사르트르 한 사람의 힘으로서는 어떻게 할 수 없는 '큰 장벽'에 부딪히고 말았다.

그러나 사르트르는 포기하지 않고 시위를 벌여서, 전쟁으로는 문제가 해결되지 않는 것이나, 식민지 지배의 부당함을 계속 호소했다.

문제 해결을 위해 이런 적극적인 활동을 일으키는 것은 훌륭한 일이라고 생각한다. 그리고 인간에게는 그러한 일이 가능하다는 점을 사르트르는 말로만 주장하는 것이 아니라 스스로 행동으로써 보여줬다.

상담자도 매우 힘든 상황에 있겠지만, 아무것도 할 수 없는 것은 아니므로 조금이라도 할 수 있는 것부터 행동해 보는 것은 어떻겠는가? 예를 들어 조카와 대화를 시도하고 그에게 다른 사람들과 교류할 기회를 만들어 주거나, 가볍게 할 수 있을 만한 간단한 일을 조카를 위해서 찾아준다거나…… 그런 일이라면 조카도 무리 없이 참여해 나갈 수도 있을 것이다. 또한 그런 상담자의 행동을 늘 여동생에게도 알려주면 정신적으로도 마음 든든하게 느껴 우울한 상태도 개선을 기대할 수 있지 않을까?

갑자기 큰 변화가 찾아오지는 않을지 모르지만, 오히려 이런 앙가주망을 계속해 나감으로써 해결할 수 있는 문제도 있다고 생각한다.

Philosoper

장 폴 사르트르(1905~1980년)

프랑스 철학자, 작가. 실존주의에 근거해 적극적으로 사회에 참여해야 한다고 주장하였다. 노벨문학상에도 선정되었으나 서양 편중과 작가의 독립성 침해를 이유로 수상을 거부했다. 저서에 『존재와 무』, 『구토』 등이 있다.

추천도서

사르트르 저 『실존주의란 무엇인가』

자본주의는 한계를 맞고 있는가?

코로나 바이러스 감염 확산이 꺾이지 않습니다. 진정되었다고 생각하면 제2 대유행, 제3 대유행이 찾아오기를 반복합니다. 보다 감염력이 강한 변이종의 등장 소식도 전해지고 있습니다.

이러한 가운데서도 '코로나 대책 강화'를 주장하는 사람과, '경제 대책'을 주장하는 사람 사이에 격렬하게 의론이 대립하고 있습니다.

저는 전 인류의 위기에 일치단결하여 맞서는 분위기가 아닌 것이 더 걱정입니다.

- 상담자로부터

미국과 유럽에서는 백신 접종이 시작되었는데, 접종을 받은 사람은 극히 일부에 지나지 않아, 백신에 의해 인류가 코로나와의 싸움에서 승리할 수 있을지 확정적이지 않다. 전 세계가 혼란에 빠지게 된 계기는 코로나 바이러스 발생임은 틀림없지만, 코로나가 만연하기 전부터 전 세계는 균형이 깨진 듯이 보인 것도 사실이다. 순조롭게 '코로나 후'가 된다고 해도 코로나 전부터 존재한 문제가 해결되지 않는다면 코로나에 의해 세계 본연의 모습을 의심하기 시작한 사람들은, 전혀 다른 세계의 시스템을 기대할지 모른다. 세계는 '글로벌 경쟁'을 전제로 한 '자본주의 시스템'으로 운영되고 있는데, 앞으로 이 시스템을 계속 유지하려고 해도 빈부 격차의 확대가 그것을 허용하지 않을 수도 있다.

그렇게 생각하면 '재발명된 코뮤니즘(공산주의)'을 주장해온 슬라보예 지젝Slavoj zizek의 사상에 귀를 기울여야 할 때가 왔는지도 모른다.

지젝은 슬로베니아 철학자로, 할리우드 영화 등을 소재로 현대사상을 파헤치는 '대중적인 사상가'의 일면을 가지면서도 오래전부터 '공산주의'의 쇄신을 주장하기도 하는 특이한 사상가이다.

인류 공통의 적과의 싸움에서 승리하는 법

코로나라는 '인류 공통의 적'과 대치하는 전 세계에 지금 요구되는 것은 트럼프 씨의 '아메리카 퍼스트'로 상징되는 이기적인 내셔널리즘이 아니라 국제적인 연대일 것이다. 의료기기의 부족을 지원하는 체제나 백신 개발을 위한 정보 공유가 어느 나라든 최우선 과제일 테고, 그러한 이상 실현은 자본주의적 경쟁의 태도를 일단 중단해야 한다.

이것이 바로 지젝이 주장하는 넓은 의미에서의 코뮤니즘이다. 빈부 격차를 초래하는 각종 폐해가 드러나고 기본소득의 도입이 거론되고 있는 것이 전 세계의 현재 상황이지만, 코로나에 맞서기도 전에 서로 적대하는 태도로서는 현재의 난국을 극복할 수 없다. 자본주의가 필연적으로 초래하는 '대립'을 극복하는 방법으로서 코뮤니즘이 필요하다는 발상이 반드시 비현실적이지는 않다고 생각한다. 적어도 우리들은 지금까지의 경제 체제를 당연시하는 사고에서 벗어나 대담한 사회 변혁을 의논해야 할 상황에 직면하고 있는 것이 사실이다.

이러한 큰 문제는 일견 개인이 어떻게 할 수 없을 것같이 여겨질 수 있지만 결코 그렇지 않다. 지금 한 사람 한 사람이 해야 할 일은 자신이 가진 부富와 정보로써 가능한 한 사회를 위해 도우려고 하는 것이지, '어떻게 자신의 돈을 늘릴까', '어떻게 타인을 밀어낼까'가 아니다. 그러니 우선은 세계가 이 같은 상황에 있는데도 아랑곳하지 않고 자신의 이익만 꾀하려는 사람을 향해서 비판의 목소리를 높이는 것부터 시작해 보는 것은 어떨까.

Philosoper

슬라보예 지젝(1949년~)

슬로바키아 출신의 사상가. 영화 등의 대중적 문화와 고도의 철학을 융합시키는 발언으로 유명하다. 저서에 『이데올로기의 숭고한 대상』, 『포스트모던의 공산주의』 등이 있다.

추천도서

슬라보예 지젝 저 『팬데믹』

원해서 게이가 되는 것은 이상한가?

우리 나라에서도 미디어에서 많이 다루어진 탓인지 성수소자에 대한 이해가 넓어지는 듯합니다. 저의 회사에서도 채용 시에 성별을 묻지 않는 면접 매뉴얼을 내놓았습니다.

다만 개인적으로는 마치 성소수자의 성향을 부추기는 듯한 분위기처럼 느껴져서 조금 위화감이 있습니다.

성별은 전통적인 것으로 사회 규범입니다. 개인의 기호로 자유롭게 선택할 수 있는 것처럼 말하는 것은 이상한 것이 아닌가요?

— 상담자로부터

성소수자의 권리를 보호하려는 움직임은 세계 어디서든 본격화되고 있다. 동성혼 제도의 정비 등은 아직 시간이 필요하겠지만, 사람들 사이에서 예를 들면 게이라는 사실을 터부시하던 풍조는 없어진 듯하다.

본인의 성적 지향이나 마음과 몸의 성별 불일치는 스스로 어떻게 할 수 없는 선천적인 것이므로 그로 인한 차별은 잘못된 것이고 생각하는 사람이 늘었다. 생일이나 혈액형처럼 타고 태어나는 요소들을 선택할 수 없는데, 마찬가지로 자신이 어떤 '성'인가 하는 '성인식(性認識)'에 대해서도 선천적인 장애가 있다는 사실을 널리 인식하게 되었다.

다만 그중에는 그런 성인식, 즉 '섹슈얼리티(성적 욕망이나 심리, 이데올로기, 제도나 관습에 의해 규정되는 사회적인 요소들까지 포함한 성적인 전체를 가리키는 용어-옮긴이)'를 자신의 기호에 맞추어 고르려는 사람도 있을 것이라고 생각한다. 그런 섹슈얼리티가 전통적인 '남성', '여성'과 서로 맞지 않는 경우, 그것은 반드시 '타고난 성인식의 장애'가 아니라 넓은 의미에서 '개인 취향'이라고도 할 수 있다. 그 경우 논리적으로 생각하면 그들을 '성소수자'로 파악하여 그 권리를 보호할 필요가 있는지가 문제가 될 것이다.

섹슈얼리티에 대한 자유 의지

참고가 되는 것은 영국의 윤리학자 브라이언 · D · 어프Brian D · Earp의 사상이다. 섹슈얼리티는 정체성이므로 스스로 골라도 된다고 그는 말한다. 게다가 성(性)은 본래 복잡한 것을 알기 쉽게 남자인지, 여자인지, 게이인지 태그(표찰)와 같이 구분하는 것뿐이라는 것이 그의 생각이다. 그렇다고 한다면 섹슈얼리티를 선택하는 일 자체에 큰 의미는 없고 어느 태그를 선택할지도 자신에게 달린 것이 된다.

어느 섹슈얼리티를 선택할 것인가 따라 차별을 받을 수 있는 가능성도 있지만, 본래 섹슈얼리티의 선택과 차별이 허용되는가 아닌가는 다른 문제라고 그는 지적한다. 즉 특정 섹슈얼리티를 선택했든 아니든 관계없이 차별은 허용되지 않는 것이다. 애초에 법에 의해 사람들의 권리는 보호되고 있는데, 섹슈얼리티에 의해 권리가 보호받기도 보호받지 못하기도 한다면 그것은 평등한 법이라고 말할 수 없다.

상담자도 섹슈얼리티는 사회가 정하고 있는 분류에 지나지 않는다고 생각해 보면 어떨까. 일단 그런 식으로 생각해 트러블을 피하면서, 의론을 거듭해감으로써 현재의 위화감에 대한 답을 발견할 수 있으면 좋지 않을까.

Philosoper

브라이언 · D · 어프

옥스퍼드 대학과 예일 대학을 거점으로 활약하고 있는 뛰어난 윤리학자. 인지과학에서 섹슈얼리티까지 융복합적 연구를 전개하고 있다.

추천도서

데이비드 에드몬즈(David Edmonds) 저 『Philosophers Take on the World』

부자만 좋은 교육을 받는 것이 옳은가?

……………………………………

코로나로 인해 출근 제한이 이뤄지며 그에 따라 잔업수당도 줄어 초등학생
아이 2명의 학원비와 영어회화 비용을 마련하기 힘들게 되었습니다.
우리의 교육비가 얼마나 비싼지 통감했습니다.
좋은 대학에 들어가려면 좋은 고등학교, 좋은 중학교에 들어가야 하므로 꼭
학원을 보내야 하지만, 부자가 아니면 좋은 학교에 보낼 수 없는 사회가 되어
가고 있습니다. 옳은 방법이라고는 생각하기 않습니다만……

– 상담자로부터

일부 부자를 제외하고는 나를 포함해서 모든 부모들이 같은 고민을
하고 있을 거라고 생각한다.
　지금 사회에서는 학원에 보내는 것이 당연시되고, 거기에 악기나 영
어 회화를 별도로 배우는 아이들도 많다. 그러나 교육을 민간 학원에 의
존하면 부모의 수입에 따라 받을 수 있는 교육이 결정되고 말기 때문에
그로 인해 인생의 선택지도 줄어들게 된다.
　이 상황이 옳은가 아닌가, 그리고 어떻게 하면 옳은 세상이 되는가.
롤스John Rawls 의 '정의론'에 비춰서 생각해 보자.

경쟁은 기회가 균등해야 한다

미국 정치철학자 롤스는 '정의'의 두 가지 원리를 제기함으로써, 정의와 그 기초가 되는 '공정'에 대해서 세상에 물었다.

우선 제1원리로서는, 정치적인 자유와 언론의 자유 등 기본적인 인권의 자유에 관해서는 모두 평등해야 정의가 실현된다고 그는 말한다. 이것은 '평등한 자유의 원리'라고 부른다.

다음으로 제2원리는 다시 2가지로 나뉜다.

첫 번째는 '빈부 격차 원리'이다. 불평등 해소는 가장 불우한 사람이 편의를 받을 수 있도록 해야 한다는 것이다.

두 번째는 '기회의 공정한 균등 원리'이다. 애초부터 어떤 직업을 가졌는지 등에 관계없이 누구나 기회가 균등하게 경쟁할 수 있는 전제가 있어야 한다는 것이다.

여기에서 분명하게 드러나듯이 교육비는 직업에 따른 수입 등에 좌우되므로 기회 균등 속에서 경쟁할 수 있는 상황이 현실적으로 힘들고, 지금 생겨나고 있는 불평등은 롤스에 의하면 정의라고 할 수 없다.

거꾸로 이야기하면 그 점을 개선함으로써 비로소 정의의 실현이 가능하게 된다. 결국 사회의 구조를 바꾸어야 이 고민은 해소할 수 있으니, 공교육에 가장 예산을 많이 사용하도록 여러 사람이 하나로 뭉쳐서 서명 활동을 한다거나, 뭔가 목소리를 높여 행동에 옮겨야 된다.

실은 롤스는 미국의 '공민권 운동'에 영향을 받아 정의론을 주장했다.

그 공민권 운동의 계기를 만든 것은 버스 운전사의 요구에 따르지 않

고 백인에게 자리를 양보하지 않았던 흑인 여성 로자 파크스Rosa Parks 의
용기 있는 행동이었다.

Philosoper

존 롤스(1921~2002년)

미국 정치철학자. 공정한 정의를 본격적으로 논함으로써 정치철학의 복권
에 공헌했다. 저서에『정의론』등이 있다.

추천도서

나카마사 마사키(仲正昌樹) 저『지금이야말로 롤스에게 배워라』

뉴노멀 시대에 무기로서의 철학을
어떻게 응용할 것인가?

포스트 코로나 시대에 더 절실해진 철학

전 세계적으로 코로나 바이러스에 대한 백신 접종이 전체적으로 진행되어 포스트코로나 시대가 보이기 시작했다. 그렇다고 해도 이 강력한 바이러스와 조우한 인류의 생활은 이미 이전의 상태로 온전히 돌아가기는 힘들 것이다. 무엇보다 언제 또다시 새로운 바이러스가 만연할지 모르는 팬데믹 시대에 돌입했기 때문이다. 하지만 그것까지 포함해서 이제는 뉴노멀 시대라고 생각한다.

즉 팬데믹을 경험하고 그것이 언제 또다시 일어날지 모르는 가운데 전전긍긍하며 살아가는 시대가 되었다. 다시 말하면 그것은 우리들이 이번에 경험한 것처럼 한 치 앞을 알 수 없는 세계를 앞으로 살아간다는 말이기도 하다. 많은 것들이 새로운 상식이 되고, 그것들이 또 끊임없이 바뀌어가는 시대, 내일 무슨 일이 일어날지, 내일 상식이 어떻게 바뀔지 모르는 그런 초불확실한 세계 말이다.

그렇다고 한다면 우리에게 요구되는 것은 무엇일까? 그것은 항상 새로운 사태에 대응해 나갈 수 있는 유연하고 창조성 넘치는 사고가 아닐까.

이 책을 읽은 여러분은 이미 알았을 테지만 그것이 바로 철학적 사고이다.

비즈니스의 세계에 있어서도 이제부터 무슨 일이 일어날지, 그것은 누구도 예상할 수 없다. 이 코로나 바이러스 시국을 누구도 정확하게 예측할 수 없었듯이 말이다. 다만 철학적 사고만 훈련되어 있다면 어떤 것도 두려워할 것은 없다.

이 책에서 언급해왔듯이 의심하고, 다양한 시점에서 재점검하고, 재구성한다는 철학의 기본적인 사고방식과, 철학자들이 제기한 갖가지 예지를 구사하면 해결 불가능한 문제는 없다고 감히 말할 수 있다.

철학은 자신의 한계를 돌파하기 위해서만 필요한 도구가 아니라 이 세상의 모든 문제와 한계를 돌파해 나가기 위한 도구이기도 하다. 부디 그렇게 믿고 앞으로 펼쳐질 뉴노멀 시대를 잘 살아나가길 바란다. 철학이라는 최강의 무기를 한 손에 들고 말이다.